clave

Osho desafía cualquier intento de clasificación. Sus innumerables charlas cubren todos los temas: desde la búsqueda individual del sentido de la vida, hasta los problemas sociales y políticos más apremiantes a los que se enfrenta la sociedad actual. Los libros de Osho son transcripciones de sus charlas impartidas ante audiencias internacionales, y recogidas en su totalidad en grabaciones de audio y video.

Tal como él mismo declara: "Recuerda, lo que estoy diciendo no sólo es para ti..., también estoy hablando para las futuras generaciones". El diario *The Sunday Times* de Londres lo ha definido como uno de los "1 000 Creadores del siglo xx", y El *Sunday Mid-Day* de la India, como una de las diez personalidades —junto con Gandhi, Nehru y Buda— que han influido en el destino de este país.

OSHO

Viviendo bajo tus propios términos

¿Cuál es la verdadera rebelión?

DEBOLS!LLO

El papel utilizado para la impresión de este libro ha sido fabricado a partir de madera procedente de bosques y plantaciones gestionadas con los más altos estándares ambientales, garantizando una explotación de los recursos sostenible con el medio ambiente y beneficiosa para las personas.

Penguin Random House Grupo Editorial

Viviendo bajo tus propios términos
¿Cuál es la verdadera rebelión?

Título original: *Living on Your Own Terms. Whats is Real Rebellion?*

Primera edición en Debolsillo: junio, 2021

El material de este libro es una selección de una serie de charlas de OSHO que responden a las preguntas formuladas por una audiencia en vivo. Todos los discursos de OSHO han sido publicados íntegramente en inglés y están también disponibles en audio. Las grabaciones originales de audio y el archivo completo de textos se pueden encontrar online en la Biblioteca OSHO: www.osho.com.

Penguin Random House Grupo Editorial, S. A. de C. V.
Blvd. Miguel de Cervantes Saavedra núm. 301, 1er piso,
colonia Granada, alcaldía Miguel Hidalgo, C. P. 11520,
Ciudad de México

penguinlibros.com

Diseño de portada: Penguin Random House / Scarlet Perea
Fotografía de portada: © Istock by Getty Images
Fotografía de autor: © Osho International Foundation

ISBN: 978-607-319-739-7

Impreso en México – *Printed in Mexico*

ÍNDICE

INTRODUCCIÓN

Las cualidades de un rebelde son multidimensionales. La primera: el rebelde no cree en nada a excepción de su propia experiencia. Su verdad es su única verdad; ningún profeta, ni mesías, ni salvador, escritura sagrada o tradición antigua pueden proporcionarle su verdad. Pueden hablar sobre la verdad, pueden hacer mucho alboroto acerca de la verdad, pero saber acerca de la verdad no es conocer la verdad. La palabra «acerca» significa *alrededor de*: saber sobre la verdad, dar vueltas y vueltas alrededor de ella. Pero girar y girar alrededor de algo impide alcanzar el centro.

El rebelde no tiene un sistema de creencias: teísta o ateo, hindú o cristiano; el rebelde es un indagador, alguien que busca. Pero una cuestión muy sutil tiene que entenderse: el rebelde no es un egoísta. El egoísta tampoco desea pertenecer a ninguna iglesia, a ninguna ideología, a ningún sistema de creencias, pero sus razones son totalmente diferentes de las del rebelde. No desea pertenecer porque piensa demasiado en sí mismo. Es demasiado egoísta, prefiere estar solo.

El rebelde no es egoísta; es muy inocente. Su falta de creencias no proviene de una actitud arrogante, sino de un enfoque humilde. Simplemente dice: «A menos que encuentre mi propia verdad, todas las verdades prestadas sólo me abrumarán, no me aliviarán la carga. Puedo volverme un conocedor, pero no aprenderé nada a través de mi propio ser. No seré testigo de ninguna experiencia».

El rebelde no pertenece a ninguna iglesia ni a ninguna organización porque no desea ser un imitador. Quiere permanecer limpio y sin contaminación, de manera que pueda buscar sin prejuicios, abierto, sin ideas preconcebidas. Pero su enfoque es el de una persona humilde. Un rebelde respeta su independencia, así como también respeta la independencia de todos los demás. Respeta su divinidad y respeta la divinidad de todo el universo. El universo entero es su templo; por eso ha abandonado los pequeños templos construidos por el hombre. El universo entero es su escritura sagrada; por eso ha abandonado todas las escrituras sagradas escritas por el hombre. Pero no es por arrogancia; lo hace por una búsqueda humilde. El rebelde es tan inocente como un niño.

La segunda dimensión no será vivir en el pasado, que ya no es, y tampoco vivir en el futuro, que todavía no es, sino vivir en el presente con tanto estado de alerta y consciencia como se pueda lograr. En otras palabras, vivir conscientemente en el momento. Por lo general vivimos como sonámbulos, caminamos dormidos. El rebelde trata de vivir una vida en alerta. Estar alerta es su religión, estar alerta es su filosofía, estar alerta es su forma de vida.

La tercera dimensión implica que el rebelde no se interesa en dominar a otros. No tiene deseo de poder, porque eso es lo más feo del mundo. El anhelo de poder ha destruido a la humanidad y no le ha permitido ser más creativa, más hermosa, más saludable, más completa. Y es este deseo de poder lo que al final conduce al conflicto, a la competencia, a los celos y a las guerras. El deseo de poder es la base de todas las guerras. Si se mira la historia de la humanidad... toda la historia de la humanidad no es más que una historia de guerras, de hombres que asesinan a otros hombres. Las razones han cambiado, pero la matanza continúa. Parece que las razones son sólo excusas; el hecho verdadero es que el hombre disfruta de matar.

En una de las fábulas de Esopo —que son algunas de las más grandes fábulas del mundo, tan simples y a la vez tan significativas—, una pequeña oveja bebe el agua cristalina de un arroyo que baja de una montaña. Un león enorme llega y, por supuesto, se interesa en la oveja; es la hora del desayuno, pero tiene que encontrar una excusa. Así que le dice a la oveja:

—Estás ensuciando el arroyo. ¿No entiendes que yo soy el rey de la selva?

La pobre oveja responde:

—Lo sé, pero, su alteza, el arroyo no va hacia usted. Yo estoy parada más abajo de donde está usted, y aun si el agua se ensucia porque yo la estoy bebiendo, el agua se va arroyo abajo, no hacia usted. Usted la ensucia y yo estoy bebiendo esa agua sucia. Así que su lógica no es correcta.

El león entendió el punto y se enojó mucho. Dijo:

—No tienes ningún respeto por tus mayores. Vaya descaro que tienes de discutir conmigo.

—No discuto —respondió la pobre oveja—, sólo le he dicho a usted los hechos. Usted puede ver que el arroyo viene hacia mí.

El león se quedó en silencio por un momento y luego dijo:

—Ahora me acuerdo. Tú perteneces a una muy inculta y poco educada familia. Tu padre me insultó ayer.

—Debe de haber sido alguien más —contestó la pobre oveja—, porque mi padre murió hace tres meses, y usted sabe que está dentro de su panza. Ya no está vivo, usted lo convirtió en su almuerzo. ¿Cómo pudo faltarle al respeto a usted? ¡Está muerto!

Eso fue demasiado. El león brincó, atrapó a la oveja, y le dijo:

—No conoces los buenos modales, no sabes de etiqueta, no sabes cómo comportarte.

La oveja contestó:

—El hecho simple es que es la hora del desayuno. Usted sólo cómame; no hay ninguna necesidad de encontrar una excusa.

Con palabras tan sencillas, Esopo ha hecho milagros. Ha dicho mucho sobre el hombre.

Un rebelde sólo vive su vida en el momento, alerta, sin el deseo de dominar mientras está vivo ni cuando esté muerto. No tiene ningún deseo de poder. Es un científico del alma: ésa es la cuarta dimensión. Así como la ciencia usa la duda, el escepticismo, la investigación; él usa el mismo método para su búsqueda interior. La ciencia los usa para la realidad objetiva; él los usa para su subjetividad. Pero él no condena la duda, no condena el escepticismo, no condena la desobediencia, no condena el enfoque incrédulo de la realidad. Él entra en su propio ser con mente científica.

Su religión no es supersticiosa, sino científica. Su religión no es una búsqueda de Dios, porque, para empezar, Dios significa que ya se ha aceptado una creencia, y si ya se ha aceptado una creencia, la búsqueda se habrá contaminado desde el principio.

El rebelde se sumerge en su mundo interior con los ojos abiertos, sin idea alguna de lo que está buscando. Continúa puliendo su inteligencia. Continúa haciendo su silencio cada vez más profundo, su meditación más profunda, de manera que cualquier cosa que esté oculta dentro de él se le revele, pero él tiene una idea preconcebida de lo que está buscando.

En esencia es un agnóstico. Esa palabra debe recordarse porque describe una de sus cualidades básicas. Hay teístas que creen en Dios; hay ateos que no creen en Dios, y hay agnósticos que sólo dicen: «Aún no lo sabemos. Indagaremos, veremos. No podemos decir nada hasta que hayamos visto cada rincón, cada esquina de nuestro ser». Él empieza con: «No sé». Por eso he dicho que es como un niño pequeño, inocente.

> Dos chicos hablaban de huir de casa.
>
> —Pero si nuestros padres nos atrapan, nos pegarán —dijo uno.
>
> —Entonces —dijo el otro—, les devolveremos el golpe.
>
> —Pero no podemos hacer eso —dijo el primer niño—. La Biblia nos enseña a honrar a nuestro padre y a nuestra madre.
>
> —Cierto. Entonces tú le pegarás a mi padre y yo le pegaré al tuyo.

¡Una inocente y sencilla solución, sin dificultad alguna!

El rebelde vive con una inocencia infantil, y la inocencia es el fenómeno más misterioso. Abre las puertas de todos los secretos de la vida. Sólo una persona rebelde es en verdad revolucionaria y verdaderamente religiosa. No crea una organización, no crea seguidores, no crea iglesias. Pero es posible que los rebeldes sean compañeros de viaje: quizá disfruten estar juntos, bailar juntos, cantar juntos, gritar y llorar juntos, sentir la inmensidad de la existencia y la eternidad de la vida juntos. Pueden mezclarse en una especie de comunión sin rendir la individualidad de nadie; al contrario, la comunión entre rebeldes refresca la individualidad de todos, alimenta la individualidad de todos, otorga dignidad y respeto a la individualidad de todos.

UNO

Decir adiós al pasado

El rebelde simplemente dice adiós al pasado. Es un proceso constante; de esta forma, ser un rebelde significa estar continuamente en rebelión, porque cada momento se convertirá en pasado, cada día se convertirá en pasado. No es que el pasado esté ya en el cementerio, tú te mueves a través de él a cada momento. Por lo tanto, el rebelde debe aprender un nuevo arte: el arte de morir para cada momento que ha pasado, de manera que pueda vivir en libertad en el nuevo momento que ha llegado.

- ¿Qué es la verdadera rebelión? ¿Y cuál es la diferencia entre la reacción y la acción del ser humano rebelde?

Lo primero que se debe entender es la diferencia entre rebelión y revolución. Revolución es un esfuerzo organizado por cambiar a la sociedad mediante la fuerza, la violencia. Pero el problema es que no se puede cambiar a la sociedad mediante la violencia, porque la violencia es la corriente de vida de la sociedad. Por esa razón todas las revoluciones han fallado. Y no hay posibilidades de que tenga éxito ninguna revolución, nunca.

La rebelión es individual, no violenta, pacífica. Surge del amor. La rebelión no está en contra de algo, pero es por algo. La revolución está en contra de algo, pero no es por algo. La revolución está tan comprometida con estar en contra que olvida por qué hace todo ese alboroto. Es ira. Pero la ira no puede crear una mejor sociedad. La rebelión no se orienta contra la sociedad; se orienta hacia un hombre nuevo, una nueva humanidad.

La revolución es pelear con el pasado.

La rebelión es meditar para el futuro.

He dicho que la rebelión surge del amor, del silencio, del entendimiento, de la compasión, todas las cualidades que hacen divina a una persona. La revolución se basa en todas las cualidades que hacen al hombre otra vez animal. Debido a que la rebelión es individual, no hay necesidad de ninguna lucha, de ninguna pelea. La sociedad no se perturbará por un individuo que sea diferente a los demás. Pero incluso individuos solos que mediten, amen, esperen un nuevo amanecer, pueden crear la posibilidad de una nueva sociedad. Su sola presencia será suficiente para transformar a otros. Su amor no puede fallar; el amor nunca falla. Su entendimiento, su inteligencia, su compasión, están destinados a tener éxito.

Pero la rebelión no se ha intentado. La revolución parece ser más fácil, porque contra una sociedad tan grande se necesita una gran organización. Pero en el momento en que uno se organiza, se convierte en el mismo tipo de sociedad. Se convierte en el reflejo exacto de aquello a lo que se oponía. Se para frente al espejo: el reflejo es su reflejo, aunque sea opuesto a él. O sea, que el sólo oponerse no significa que uno sea diferente en realidad; los métodos son los mismos. La vieja sociedad depende de la violencia, los revolucionarios dependen de la violencia. La vieja sociedad depende de esclavizar a la gente; los revolucionarios dependen de lo mismo. La vieja sociedad depende de creencias, los revolucionarios también. No hay ninguna diferencia entre creer en la Sagrada Biblia o en *El capital*.

Y una cosa muy importante que recordar: si los revolucionarios quieren ganar, tienen que ser más violentos que la antigua sociedad, más astutos, más listos, más politizados, más crueles; de otro modo no pueden ganar. Así que, de hecho, en nombre de la revolución, más violencia se vuelve victoriosa, más crueldad se vuelve victoriosa; más esclavitud, más sumisión es demandada por el partido revolucionario. Se puede ver que esto pasa en cada revolución.

La rebelión es un fenómeno espiritual.

No está contra la sociedad en sí; es sólo la inteligencia que nos muestra que esta sociedad está muerta, que esta sociedad es incapaz de dar a luz a un nuevo ser humano, que está gastada, que está casi al borde de un suicido global. Necesita compasión, no ira.

El rebelde sólo puede hacer una cosa... Él no se va a organizar, porque en el momento en que se organiza tiene que seguir los mismos patrones de la sociedad a la cual se opone, y tiene que usar el mismo lenguaje, el mismo diseño, las mismas estructuras que la sociedad ha practicado tanto tiempo.

Hay un antiguo proverbio chino: «Tener un mal amigo no es tan malo como tener un mal enemigo». Suena raro, pero contiene un gran significado: si uno tiene un enemigo, tarde o temprano tendrá que seguir sus tácticas y estrategias para pelear contra él, no hay otra manera. Si desea salir victorioso tiene que estar muy adelante de él en sus propios métodos. Por tanto, siempre digo: a los amigos se les puede escoger sin mucha consideración, pero a los enemigos se les escoge con gran consideración, porque ellos cambiarán nuestro carácter.

El rebelde no tiene enemigos. Simplemente tiene una visión de que lo viejo está terminado. No se necesita pelear contra el pasado; ya está muriendo. Pelear contra el pasado es darle vida. Sólo hay que ignorarlo. Ya está en su lecho de muerte; morirá por sí solo. No le proporciones energía peleando contra él.

El rebelde sólo puede hacer una cosa: transformarse en el hombre nuevo, convertirse en su propia visión. Ésa es la única prueba de que su visión no es un sueño. El rebelde empieza a transformar su visión en realidad.

Quiero que todos ustedes sean rebeldes.

Por eso no creo en la organización. No quiero que tengan otra religión, otra ideología, porque sería como repetir los mismos viejos patrones. Ustedes pueden estar juntos sin condiciones, sin ataduras, por pura amistad. Sin que los domine ninguna ideología; sólo puro amor, porque están en el mismo camino, descubriéndose a sí mismos, indagando si la visión de un nuevo ser humano se vuelve realidad o no. Se pueden ayudar unos a otros, se pueden apoyar unos a otros, pueden darse ánimos unos a otros.

Hay momentos en los que necesitamos darnos ánimo, porque cambiar —cambiar por completo— no es tarea sencilla. Muchas veces la mente desea caer en sus viejos patrones, viejos hábitos; de ahí que exista la comuna. La comuna no es una sociedad alternativa. No es otra organización; es algo totalmente nuevo. Es una cercanía amorosa entre compañeros de viaje que trabajan en sí mismos. Pero cinco mil personas trabajando en ellas mismas crean una atmósfera muy estimulante: tú no estás solo. Y si cinco mil lo intentan, hay esperanza. Puedes ver personas que van delante de ti, personas que vienen detrás de ti, en todos los peldaños de la escalera. Eso deja muy claro que seres humanos parecidos a ti despejan el camino, cambiando ellos mismos. Se vuelve un reto individual para ti no acobardarte y caer en los viejos hábitos. No puedes caer de nuevo en los viejos hábitos porque cinco mil personas te observan y se sienten optimistas respecto de ti. Ellas tienen grandes esperanzas para ti; ellas ven que el amanecer no está muy lejos.

Sin embargo, todavía todo está muy oscuro, pero para encontrar la luz no necesitas regresar. Para encontrar la luz necesitas seguir adelante. Entre más oscura la noche, más cerca se encuentra el amanecer, y ya algunos han alcanzado el amanecer. Puedes ver la luz del sol en sus ojos, puedes ver los capullos de su floreciente ser. Puedes sentir la fragancia que despiden. Así que es sólo cuestión de un poco más de paciencia, un poco más de valor.

Pero la rebelión sigue siendo individual. Los rebeldes pueden vivir juntos, pueden crear una atmósfera, un entorno, una comunidad (*buddhafield*) donde el despertar se vuelva más fácil. Pero no están organizados, no están orientados hacia ninguna creencia. Son individuos libres; por elección libre se han unido a los buscadores del amanecer.

Me preguntas: «¿Cuál es la diferencia entre reacción y acción, en lo que a la persona rebelde se refiere?». La persona rebelde no tiene reacción, sólo acción. El revolucionario tiene sólo reacción; no tiene ninguna acción. La diferencia es significativa.

Hace unos días recibí una carta de una anciana que es la presidenta de la Asociación de Ateos de Estados Unidos. Ella debe de ser la atea más vieja del mundo, porque yo conocía a un hombre en India, Gora, que era su seguidor, y él ya era viejo. Ella ha abierto asociaciones de ateos en varios países. Debe de haber escuchado mis palabras en algún programa de televisión, en el que dije que no hay un Dios, y se puso inmensamente feliz. Escribió la carta para decirme: «Usted es un hombre muy valiente. Aunque soy muy vieja, me gustaría ir a verlo, presentarme con usted, hablar con usted».

Le dije a mi secretaria que le escribiera que era bienvenida, pero que debía entender que no soy ateo: «Si viene para acá pensando que soy ateo sólo porque he declarado que Dios no existe, se va a llevar una desilusión. Es mejor dejarlo claro». Para mí, el ateísmo es una reacción, una reacción contra el teísmo. Hay gente que cree en Dios, millones de personas; unos cuantos han reaccionado a eso y empezaron a *descreer* en Dios. Eso es una reacción. Se puede verificar muy fácilmente mediante un método simple. Si todos los teístas desaparecieran, si no hubiera ningún teísmo en el mundo, ¿podrían existir los ateos? Ellos eran secundarios, eran sólo una reacción. Cuando no hay religiones y nadie dice que Dios existe, ¿qué caso tiene no creer en Dios? Uno parecería un poco tonto. Con la muerte del teísmo, el ateísmo moriría automáticamente. Eso significa que era sólo una sombra, no una realidad en sí misma. Una reacción es una sombra.

Cuando digo que no existe Dios, no estoy diciendo que no creo en Dios; aun para no creer, Dios tiene que ser. Sea que uno crea o no, es su elección, pero para ambas opciones se necesita a Dios. Para los teístas él es necesario, para los ateos es necesario. Simplemente estoy diciendo que no hay Dios, que nunca lo ha habido. Todos los teístas y todos los ateos están equivocados. Los que creen están equivocados, y los que no creen también.

No pienso que aquella anciana venga. Me encantaría que viniera, porque en toda su vida quizá no había conocido a un hombre que no fuera teísta o ateo. Como Dios no existe, no tiene sentido ser una cosa o la otra. Creo que es estúpido: si no existe Dios, entonces una persona pierde su vida entera estableciendo asociaciones de ateos en todo el mundo. ¡Es puro desperdicio de una vida! Si no existe Dios, ¿para qué molestarse? Pero no, eso se ha convertido en su vida. Sin embargo, sólo negar o descreer no puede hacer dichoso a nadie.

Mi aseveración de que no hay Dios es una acción, no una reacción. No estoy hablando contra nadie; sólo doy expresión a mi experiencia. He buscado a Dios en mi interior, y no lo he encontrado. En cambio, he encontrado devoción; he encontrado consciencia eterna. He encontrado inmortalidad, he encontrado luz eterna, pero no a Dios.

No creo que esta mujer haya pensado jamás en mirar a su interior. Ella sólo pelea con los teístas. Esos teístas son idiotas; al pelear con ellos uno está condenado a convertirse en un idiota. La reacción no puede llevarlo a uno más lejos que aquellos contra los que reacciona.

El revolucionario es reaccionario. Está en contra de la sociedad; está en contra de su estructura económica, en contra de sus métodos políticos. Está en contra de muchas cosas; su vida entera es negativa. Depende de estar en contra de esto, en contra de lo otro, contra miles de cosas; hay demasiados noes en la vida del revolucionario. Pero no se puede vivir una vida de bendiciones y de dicha con miles de noes.

Un solo sí es mucho más poderoso que miles de noes. El no está vacío. Expresa enojo, muestra violencia, muestra capacidad de destrucción, pero no muestra que uno tenga algo creativo con lo que vaya a contribuir a la vida y a la existencia.

La acción significa algo no relacionado con nada, sino que sale de tu propio silencio, de tu propia espontaneidad. El rebelde no conoce la reacción, conoce la acción. La acción significa «sí».

El rebelde crea; se da a luz a sí mismo. Se vuelve un hombre nuevo, anuncia una nueva era. Se abre a todas las posibilidades, se permite dimensiones desconocidas. No va contra nadie; se trata sólo de un crecimiento, igual que crecería un rosal. ¿Crees que su crecimiento está en contra de las piedras? ¿Crees que crece contra las rocas? ¿Crees que crece contra alguien? Crece, no como una reacción; crece porque el crecimiento es su naturaleza. Crece para florecer, para traer su potencial a la realidad. Es un proceso de realización.

La acción significa un proceso de realización. La reacción es sólo odio, ira, celos, violencia, destructividad. Ésas no son cualidades que se puedan valorar. Así que, en mi visión, el revolucionario no tiene valor, sólo el rebelde. Y pueden verlo... Sócrates no es un revolucionario, es un rebelde. Buda Gautama no es un revolucionario, es un rebelde. Heráclito no es un revolucionario, es un rebelde. Y ellos son las cumbres más altas que ha alcanzado la humanidad.

Los revolucionarios están en el mismo suelo que aquellos a los que se oponen. Tienen que estar en el mismo suelo para pelear con ellos. El rebelde no pelea contra nadie. El rebelde se libera para poder crecer, crecer hacia su propio destino. El rebelde tiene belleza; el revolucionario es un criminal político, social. El rebelde es el único hombre santo, es sagrado.

Pero en el momento en que se empieza a organizar una rebelión se cambia su carácter, se vuelve revolución. Ya no es lo mismo. Por esa razón debo insistir una y otra vez... la tendencia a organizar está enraizada de manera muy profunda porque tiene millones de años. Y estar solo requiere agallas.

Estar solo... pero puedes estar junto a personas que también tratan de estar solas. Su cercanía es una amistad de compañeros de viaje. Sin condiciones. No te convierte en cristiano, hindú, budista. Sigues siendo tú mismo, el otro sigue siendo ella o él mismo. Ése es el único respeto que se espera de los sanniasins: no destruir la dignidad de la otra persona. Esa persona es tan valiosa en la existencia como tú. No hay necesidad de imponer tus ideas a nadie. ¿Quién eres tú? ¿Qué autoridad tienes para imponer tus ideas a los demás? Puedes compartirlas, decirlas, mostrar tu corazón. Y si el otro siente que algo sintoniza con él, y lo elige, es su decisión, no tu imposición.

Los revolucionarios tratan de imponer sus ideas a los demás. Hacen lo mismo que las religiones han hecho. Por esa razón yo pongo al comunismo en la categoría de religión, no hay diferencia. No importa que el comunismo no crea en Dios, porque hay religiones más antiguas que tampoco creen en Dios: el budismo no cree en Dios, el jainismo no cree en Dios. Así que eso no es problema. Una religión es algo que se trata de imponer a los demás. Es un esfuerzo por convertir a la gente, siempre es una misión.

Un rebelde jamás será misionero, siempre será un amigo. Él te invitará a lo más profundo de su ser y, si encuentras algo que te sirva, que te sea de ayuda, que pueda nutrirte, que haga tu búsqueda más fácil, puedes escogerlo. Pero será por tu libertad, nadie te está convirtiendo. Así es como debe ser en la comuna. No necesitas creer cualquier cosa que yo te diga. Sólo necesitas estar abierto a ello para que puedas decidir. La decisión tiene que ser tuya. Y si te acomoda, si de repente suena una campana en tu corazón, entonces yo ya no soy responsable por ello: la campana resuena en *tu* corazón. Pero si no te acomoda, mi amor por ti permanece igual porque no se basa en convertirte.

De hecho, cada individuo tiene que ser único. Ésa es la prerrogativa de los seres humanos, ser únicos. Todas las religiones, todas las ideologías políticas, todas han tratado de destruir ese privilegio. Yo quiero alentar tu privilegio. En ningún caso se debe interferir con tu individualidad. Tu libertad es absoluta, y el valor más alto.

- **¿Puedes decir algo más sobre la violencia como expresión de rebelión?**

La violencia nunca puede ser parte del espíritu rebelde por la sencilla razón de que la violencia es el pasado entero de la humanidad... y el rebelde quiere descontinuar el pasado. La violencia ha sido la forma de vida durante milenios. De manera directa o indirecta hemos vivido bajo la violencia. Nuestros ejércitos, nuestra policía, nuestras cárceles, nuestros jueces, nuestras guerras, nuestras llamadas grandes religiones, todos han vivido en violencia. Y la violencia, reducida a lo esencial, es irreverente hacia la vida.

Para mí, la persona religiosa, la consciencia religiosa, no es más que una profunda reverencia por la vida en sí, porque no hay un Dios más allá de la vida, no hay un paraíso más allá de la consciencia. La violencia es una violación tanto de la vida como de la consciencia; es destructiva.

El rebelde es un creador; toda su filosofía es de creatividad. Hemos vivido en destructividad demasiado tiempo y, ¿cuál es el logro? Por eso he hecho una clara distinción entre el rebelde y el reaccionario. También he hecho una distinción entre el rebelde y el revolucionario.

El reaccionario es la categoría más baja. Nunca puede desconectarse del pasado. El pasado es su orientación, reacciona contra él. Pero esté en favor o en contra de él, el pasado sigue siendo su referencia, su contexto.

El revolucionario está un poco arriba del reaccionario. No sólo reacciona; también tiene sueños a futuro, tiene sus utopías. Pero en cuanto a la violencia, el revolucionario a lo largo de las épocas ha pensado que se pueden alcanzar fines correctos por medios incorrectos. Yo refuto esa postura. Los fines correctos sólo pueden lograrse con medios correctos. Mediante la violencia no se puede lograr una humanidad pacífica, silenciosa y amorosa. La violencia estará en las raíces; envenenará toda la superestructura.

El rebelde tiene que ser no violento por pura necesidad. A menos que sea no violento, no puede ser el vehículo de una humanidad pacífica, sin guerra ni clases. Si se siembran las semillas de la violencia, no se puede esperar ni creer que las flores no serán afectadas por la violencia. Esas flores saldrán de las semillas que se han sembrado. Así, cada revolución violenta ha creado otra sociedad violenta, otra cultura violenta. Es una desgracia ver que todavía necesitemos ejércitos, armas nucleares. Es indigno ver que necesitamos al policía, al tribunal y a la cárcel. Una mejor humanidad, un ser humano más consciente, se librarán de todas esas tonterías que nos rodean y contaminan todo nuestro ser.

El rebelde no puede ser tibio. No puede elegir; no puede elegir unas cuantas cosas del pasado y dejar de escoger otras cuantas. Hay que negar por completo el pasado en su conjunto. Sólo entonces podemos deshacernos de la barbarie en la humanidad: la crueldad, la violencia y un profundamente arraigado desprecio por la vida y la existencia.

Mi enfoque es de reverencia a la vida.

El rebelde estará dispuesto a morir, pero no a matar. Es su orgullo de hombre morir por una causa; matar a alguien es de animales, por grandiosa que sea la causa. Al matar, se arruina por completo. Y, mirándolo desde el punto de vista práctico, el rebelde es un individuo contra el mundo entero; si elige ser violento, será aplastado. El enemigo —el pasado— tiene poderes mucho más violentos en sus manos.

El rebelde tiene que confiar en el amor, en la meditación, tiene que estar consciente de su inmortalidad: saber que aun si su cuerpo es crucificado, él permanece intacto. Aquí no hablo sólo de la rebelión política. Hablo del rebelde individual: un fenómeno espiritual, no una entidad política. Y ninguna espiritualidad puede aceptar la violencia como medio para lograr un fin.

La violencia sencillamente no tiene lugar en lo que concierne a mi rebelión, mi visión del rebelde. No puede destruir; ya hemos destruido bastante. No puede matar; ya hemos matado bastante. Es tiempo de detener todo este modo de vida idiota. Tenemos que salir de esta oscuridad hacia la luz. Aun si nos cuesta la vida, es perfectamente bueno... porque mi rebelde será básicamente un meditador.

No concibo a mi rebelde sin meditación: ésa es su experiencia esencial. Y una vez que entendemos que somos inmortales, ¿a quién le preocupa si lo matan? Si millones de meditadores están dispuestos a abrir el pecho ante las armas del pasado viejo y podrido, hay una posibilidad: tal vez también eso traiga un cambio en el corazón de quienes tienen esas armas destructivas en sus manos.

La rebelión no ha sido intentada en vasta escala. Con el sólo esfuerzo de millones de personas meditando, amando el silencio y la paz, y destruyendo todas las discriminaciones que crean violencia, crearemos el espacio, la brecha, la discontinuidad que puede salvar al hombre y la vida en el planeta.

- **He escuchado que dices que basta que seamos, que no necesitamos hacer nada para estar en Dios. Tengo la corazonada de que necesito «hacer» para merecer, contribuir, dar algo. Y tú dices que Dios está en mí... me doy cuenta de que busco en el interior algún concepto que recogí del exterior. Es como mirar un pozo en la noche. Veo reflejos y pienso que es el fondo, pero es sólo la superficie. Aun cuando sé que sólo necesito soltarme y esperar, más que buscar algo, todavía espero mis propios conceptos de lo que debe ocurrir. Por favor comenta.**

Lo primero —y lo más fundamental— que hay que entender es que ya estás en Dios. No es cuestión de querer estar en Dios, ya estás allí. Así como el pez está en el océano, tú estás en Dios. Dios sencillamente significa la existencia, lo que existe.

En hebreo antiguo, la palabra «God» (Dios) significa *lo que es*. «G» es *eso*, «O» es *que*, y «D», *es*: *eso que es*. La palabra «Dios» es tremendamente significativa. No indica una persona; simplemente indica una presencia. ¡Y la presencia está en todas partes! La vida es sinónimo de Dios, el universo es sinónimo de Dios. Ser es estar en Dios: no hay otra forma. Respirar es respirar en Dios: no hay otra forma. Dormir es dormir en Dios y despertar es despertar en Dios: no hay otra forma. Puedes escoger dormir; aun así, estás en Dios. Puedes escoger olvidar a Dios; aun así, estás en Dios. Puedes elegir negar a Dios; aun así, estás en Dios. No estar en Dios es lo único imposible: lo único imposible que digo.

Así que no es cuestión de volverse digno. Pero no digo que no lo hagas. No estoy diciendo que seas perezoso, repugnante. No digo que te vuelvas un escapista. No digo que no contribuyas a la existencia. Pero tu contribución a la existencia no debe ser un medio para llegar a Dios; eso es lo que digo. Tu contribución a la existencia debe ser por gratitud de que ya estás en Dios. No debe ser un medio para llegar, porque ya estás allí. Debe ser un desborde de alegría porque ya estás allí. Ten muy clara esa distinción.

Comparte tu alegría, tu amor, tu éxtasis. Haz la vida tan bella como sea posible. Sólo por gratitud de que la existencia te haya escogido para ser, que te sea permitido ser, que se te haya dado la vida. ¿Qué más puedes hacer? Si puedes cantar una canción, ¡canta con tu totalidad! Si puedes pintar, pinta, y pon todo el corazón en ello. Si puedes bailar, baila con abandono, de modo que desaparezcas por completo en la danza y ya no haya un danzante, pero la danza continúe.

Pero déjame recordarte que éstos no son medios para llegar a Dios: ése es sólo nuestro pobre agradecimiento, nuestra sincera gratitud. La oración es verdadera cuando surge de la gratitud. Es falsa cuando sólo es un medio para persuadir a Dios, para seducirlo, para pedir algo, aun si pedimos ser devotos, porque entonces la oración está llena de deseo. Y cuando la oración está llena de deseo, es demasiado pesada, no puede tener alas. Sólo puede andar a tientas en la oscuridad de la tierra; no puede elevarse hacia lo alto del cielo soleado.

Cuando la oración carece de deseo tiene alas, puede llegar a lo más alto. Y cuando carece de peso, cuando nace de la gratitud, sin desear nada, sino sólo para mostrar agradecimiento por todo lo que se ha hecho por nosotros...

Dices: «¿Basta con ser? Pero mi corazonada es que necesito hacer algo para ser digno, contribuir, dar...».

No es una corazonada, es sólo que has sido condicionado por la sociedad. La sociedad te ha estado diciendo continuamente, con persistencia, un día sí y otro también, desde tu infancia —en la escuela, en la universidad, en la iglesia, el sacerdote, el político, el padre, el profesor—: todos están unidos en una sola conspiración para darte la idea de que así como eres, eres indigno. Tienes que hacer algo, tienes que ponerte a prueba, sólo entonces serás digno.

Ésa es la estrategia de la sociedad para explotarte; es la desagradable forma que tiene la sociedad de hacernos esclavos: no creadores, sino esclavos. Pero has sido condicionado de maneras bellas y refinadas. Palabras hermosas que cubren muy feas realidades. La fea realidad es que la sociedad quiere usarte como esclavo, quiere manipularte, controlarte. Lo logra de dos maneras.

En lo externo es el Estado, el policía, el magistrado; ellos imponen las leyes, pero las leyes nunca pueden ser absolutas y el hombre siempre puede hallar formas de desafiarlas. Entonces la sociedad crea otra salvaguardia: crea una conciencia en ti; te hipnotiza, diciéndote una y otra vez que tienes que ser digno. Y el niño indefenso no tiene más remedio que cumplir, rendirse. Toda su vida está en juego; no puede sobrevivir por sí mismo. Tiene que depender de sus padres. Tiene que observar continuamente lo que ellos quieren, lo que aprecian, lo que recompensan. Si es recompensado por ellos, entonces es digno, se siente bien: si es castigado se siente indigno, se siente mal consigo mismo.

Poco a poco la idea se asienta, se fija profundamente en el corazón, se vuelve casi segunda naturaleza, que no basta sólo con ser. Los árboles bastan, los animales bastan, las aves bastan: sólo el hombre tiene esa tonta idea de que no basta con ser. Es una táctica muy astuta para destruir la libertad del individuo, para destruir el respeto por sí mismo, para crear en él un profundo sentimiento de culpa. Ha calado hondo, sin duda: tan hondo que tú lo malinterpretas como una «corazonada». No es tal corazonada en absoluto.

Recuerda, no estoy en contra de ser creativo. Estoy totalmente en favor. Quiero que mi gente sea creativa, pero por una razón del todo diferente, con una intención por completo distinta, con un motivo totalmente nuevo. Quiero que todos ustedes sean creativos; no quiero que escapen a los monasterios: quiero que vivan en el mundo y vivan con plenitud, y que vivan todo el espectro de la vida. ¡Den expresión a todo su potencial! ¡Florezcan en tantas formas como sea posible! Porque sólo entonces se sentirán colmados. Pero eso no tiene que ser como un medio para lograr algo. Tiene que ser sólo una expresión de su alegría, de su celebración. Entonces la calidad cambia.

Cuando usas algo como un medio, en realidad no te interesa. Por ejemplo, si pintas sólo para ser apreciado, tu enfoque está en el aprecio, no en la pintura; tu corazón no está allí. Ya estás imaginando, soñando en cómo serás apreciado. Y como tu preocupación constante es cómo ser apreciado, pintarás algo que no saldrá de ti en forma espontánea: pintarás algo que les guste a los demás. Pintarás de acuerdo con ellos. Te volverás un pintor muy pobre. No permitirás que salga tu genio, porque el genio no es apreciado con facilidad: recuérdalo. Mientras más talentoso eres, mientras más genuina es tu inteligencia, menor es la posibilidad de ser apreciado con facilidad. La mayor posibilidad es que seas condenado. ¿Por qué? Porque un genio trae algo nuevo al mundo, así que los viejos criterios no encajan en ello. Y los viejos criterios están muy arraigados en la mente humana; no se van con facilidad.

El genio no sólo tiene que crear su poesía, su pintura, su danza, su música; también tiene que crear nuevos criterios para juzgarlas. Vincent van Gogh no fue apreciado en su tiempo: uno de los más grandes pintores que el mundo ha conocido. Vivió en absoluta pobreza; su hermano lo mantenía. Pero su hermano tampoco estaba muy en favor de su pintura, porque no redituaba:

¿qué caso tiene hacer algo que no reditúa? Por el contrario, la gente creía, debido a sus obras, que Van Gogh estaba loco. Pintaba en una forma muy innovadora, como nadie lo había hecho antes. Tenía su propia visión. ¡Era un genio! En sus pinturas, los árboles son tan altos que alcanzan las estrellas; las estrellas están muy cerca y los árboles crecen muy alto. ¿Quién va a apreciar esa pintura?

Cualquier niño de escuela puede decir: «¡Tonterías! Las estrellas no están tan cerca, y los árboles... ¿quién tiene árboles tan altos que lleguen más allá de las estrellas?» Pero Vincent Van Gogh solía decir: «Siempre que veo un árbol, éste es mi sentimiento: que la tierra trata de alcanzar las estrellas, de ir más allá de las estrellas a través de los árboles. Éstos son las manos de la tierra que se extienden hacia lo desconocido, lo trascendental. Y yo amo a mi tierra; por eso mis estrellas son pequeñas y mis árboles son grandes. Yo soy parte de esta tierra; también soy una mano de mi tierra. Para mí, las estrellas son pequeñas».

No es cuestión de astronomía, física o matemáticas: es una visión por completo diferente. Los árboles se ven como aspiraciones de la tierra, idilios de la tierra con el cielo. Pero ¿quién iba a apreciarlo? En una de sus pinturas el sol aparece negro. ¿Quién ha visto un sol negro? Pero él decía que el sol que brilla afuera es negro en comparación con el sol de adentro. Es una comparación. Kabir estaría de acuerdo; Kabir dice: «Cuando vi el sol interior, supe que el otro sol es sólo un hoyo negro. Cuando vi mi vida interior, supe que la vida exterior no es nada más que otro nombre de la muerte».

En el momento en que se conoce lo interior, de pronto las estrellas comienzan a desaparecer. Van Gogh habla en forma mística —es un místico— pero, ¿quién lo entiende? Se necesitarán años para que la gente entienda. Van Gogh vivió y murió sin ser apreciado, ignorado. Siguió siendo un absoluto desconocido.

Les sorprenderá saber que ahora cada una de sus pinturas es tan valiosa que ninguna otra se le puede comparar. Ni las pinturas de Picasso son tan valiosas: millones y millones de dólares por un solo cuadro. En su día, en su propia vida, Van Gogh no pudo vender una sola pintura. Tuvo que distribuirlas entre sus amigos, o al hombre que le daba una taza de té cada mañana, sin cobrarle. Esas mismas pinturas que ahora cuestan millones y millones de dólares. Las personas las habían descartado; las aceptaron por cortesía, porque en lo que a ellas se refería eran basura; entonces, ¿para qué coleccionarlas?

Vincent van Gogh se suicidó cuando tenía apenas treinta y tres años. Era imposible vivir; no podía ganar un centavo. Su hermano le daba dinero, pero apenas para existir, para sobrevivir. Necesitaba dinero para pintar: para el lienzo, los colores y los pinceles. Así que hizo este arreglo: cada domingo recibía dinero para una semana, y cada semana comía tres días y ayunaba cuatro, para poder ahorrar dinero y comprar lienzos, colores y otras cosas que necesitaba.

Para mí, el ayuno de Van Gogh era mucho más significativo que todos los ayunos que han hecho esos a quienes ustedes llaman santos. Ese ayuno tenía algo bello, algo espiritual. Cuando los llamados santos ayunan, es un medio; ayunan para poder llegar al cielo y disfrutar todas las dichas celestiales. Pero el ayuno de Van Gogh tenía una calidad por completo diferente: era su amor a crear.

¿Y por qué se suicidó? Eso también tiene un tremendo significado, no es un suicidio ordinario. De hecho, un hombre como Van Gogh no puede hacer nada en forma ordinaria. Se suicidó porque, según dijo: «Todo lo que quería pintar, lo he pintado. Ahora, existir carece de sentido. He dado lo que vine a dar; ahora puedo volver a la fuente original. Ya no hay necesidad de vivir en el cuerpo. He contribuido».

Pasaron muchos años, y poco a poco fue recibiendo aprecio. Ahora se le considera uno de los más grandes pintores del mundo.

Así ha ocurrido con todos los genios: en su propio tiempo son condenados; condenados por las masas, por la multitud, por los sacerdotes, por los políticos. Son apreciados por muy pocas personas —sensibles, receptivas, inteligentes—, sólo por muy pocas personas que tienen la capacidad de ver algo que es nuevo, desconocido, que nunca ha ocurrido antes; sólo por muy pocas personas que pueden hacer a un lado su mente y mirar.

Me gustaría que ustedes fueran creativos, pero no se molesten con el aprecio, no se molesten con que puedan ganar fama o forjarse un nombre con ello. Siempre que el motivo es ganar algo con la creatividad, ya no estás interesado. Te vuelves un técnico; ya no eres un artista. Puedes hacer la pintura y hacerla a la perfección, con perfección técnica, pero no tendrá alma, no estará viva, porque no estarás allí. Estarás mirando alrededor para ver si llegan los que van a apreciarla. Y siempre pintarás de acuerdo con ellos, para que puedan apreciarla.

Hay personas que dicen sólo lo que la gente quiere oír. Esas personas serán muy famosas, conocidas, apreciadas, respetadas, pero son mediocres. El genio habla a lo que surge del corazón; no le preocupa en absoluto si a alguien le gustará o no. Lo dice como es, directo: nunca piensa en los resultados o las consecuencias.

Sé creativo en ese sentido y tu creatividad se volverá una ofrenda a Dios. Dios te ha dado muchos dones; algo tiene que hacerse, sólo por profunda gratitud. Pero recuerda: sin motivo, no como un medio, sino como un fin en sí mismo. El arte por el arte mismo, y la creación por la creación misma, y el amor por el amor mismo, y la oración por la oración misma. Y así es como uno, poco a poco, se vuelve religioso. La persona religiosa vive el momento; no se preocupa por el futuro, ni siquiera por el próximo momento. Cuando llegue, llegará. No se prepara para él. Vive el momento, y de este momento nacerá el siguiente. Y si este momento ha sido hermoso, si este momento ha sido una bendición, el siguiente será, desde luego, una bendición más profunda, una bendición mayor.

Dices: «Tengo la corazonada de que necesito *hacer* para ser digno...». La necesidad de hacer puede ser una corazonada, porque tenemos demasiada energía y la energía quiere bailar, quiere pintar, quiere cantar, quiere *hacer* algo. Pero esto no puede ser una corazonada: «Necesito hacer para ser digno». Ése es un sentimiento que han puesto en ti, tal como los científicos ponen electrodos en el cerebro y entonces se puede manipular a una persona. Así exactamente ha procedido la humanidad a lo largo de las eras: crea una conciencia en ti: «Haz eso, esto es correcto, aprobado, respetado. No hagas eso; eso es indigno de ti. Serás condenado si lo haces». Y dentro de ti se crea una especie de división entre lo correcto y lo incorrecto, entre el «debe» y el «no debe».

El problema es que ningún «debe» puede ser nunca un fenómeno fijo; cambia con la vida. Nada correcto es siempre correcto, y nada incorrecto es siempre incorrecto, así que decidir de antemano es peligroso. Yo no les enseño conciencia; conciencia significa que lo correcto y lo incorrecto son como cosas que se deciden: esto es una rosa y eso es un loto, y esto es una piedra y eso es un diamante: decididos. ¡Decididos para siempre! Lo correcto y lo incorrecto no son cosas. Cambian. La vida es un fenómeno semejante a un río. Lo que es correcto hoy puede no serlo mañana.

Un maestro Zen preguntó a su discípulo:

—¿Qué es Dios?

El discípulo se inclinó y permaneció en silencio. El maestro lo bendijo y le dijo:

—Está bien. Estoy contento.

Al día siguiente, de nuevo, el maestro le preguntó al discípulo.

Por supuesto, ahora el discípulo había aprendido, así que hizo una inclinación aún más profunda, permaneció en silencio, incluso cerró los ojos, y el maestro le dio un fuerte coscorrón y dijo:

—¡Tonto!

El discípulo estaba perplejo.

—Pero, ¿qué ha ocurrido? Ayer estabas muy contento, y la respuesta es la misma... ¡incluso mejor que ayer!

—Ahí es donde te equivocaste —dijo el maestro—: ayer era ayer, hoy es hoy. Ahora sencillamente repites una fórmula preconcebida. Ahora no eres sincero, no eres espontáneo, no eres responsable. Ahora has aprendido un truco. ¿Cómo puede la misma respuesta ser correcta hoy? Han pasado veinticuatro horas, ¡ha pasado mucha agua por el Ganges!

La existencia es dinámica, no estática: no es agua estancada. Es un continuo constante, fluye. Ninguna respuesta puede ser fija, y allí es donde la sociedad te engaña. Te da respuestas fijas. Con las respuestas fijas una cosa es buena —por eso nos aferramos a ella—: te dan alguna certeza, seguridad. Puedes permanecer seguro de que estás en lo correcto. Pero la vida sigue cambiando, y lo *correcto* sigue siendo fijo. Y entonces toda tu vida se vuelve una miseria, porque tus respuestas nunca encajan con las preguntas. Entonces toda tu vida es un esfuerzo por poner clavos cuadrados en agujeros redondos: toda la vida se va en intentar, y es muy frustrante. La razón es que nunca ves que la vida está cambiando.

La persona de veras consciente cambia con la vida. La persona en verdad consciente no puede permitirse ser consistente. La consistencia es parte de una mente mediocre. No digo que seas deliberadamente inconsistente; simplemente señalo un hecho, que ser consistente significa ser tonto, significa permanecer en el pasado, ciego al presente. Si miras al presente, tienes que cambiar con la vida.

Por tanto, encontrarás mil y una contradicciones en las afirmaciones de Jesús, y lo mismo ocurre con Buda Gautama. Y así ha ocurrido siempre con los iluminados, porque no tienen ninguna respuesta preconcebida. Tú anhelas la respuesta preconcebida para poder saltar sobre ella; puedes sujetarla con la mano y estar seguro.

Sufres por la incertidumbre... y la incertidumbre es la naturaleza de la vida. La certidumbre es parte de la muerte. Si estás cierto, estás muerto. Permanece fluyendo, permanece incierto, permanece abierto a las circunstancias cambiantes, y te mantendrás cada vez más vivo.

Estar vivo por completo significa vivir en el momento sin que el pasado interfiera para nada; entonces respondes al momento y la respuesta viene de tu consciencia y no de tu conciencia. La conciencia es un engaño; la conciencia es un truco social. Y la función del maestro es destruir tu conciencia para poder liberar tu consciencia.

Tu corazonada no es corazonada. Has sido engañado. No hay necesidad de que hagas nada para ser digno: ya eres digno. Si no fueras digno, no estarías aquí. Dios te dio tu nacimiento, te ha creado: debió haber visto algún valor en ti. Si eres indigno, entonces Dios no es un creador muy original; ¡no es un gran creador, tampoco! ¿Cómo puede crear una persona indigna?

La sociedad te hace indigno, porque ésa es la única forma de explotarte: hacerte sentir indigno. Entonces te esforzarás por ser digno, porque es la única forma de respetarte a ti mismo. Y para volverte digno seguirás los dictados de la sociedad.

La sociedad crea miedo en ti: miedo de ser indigno, miedo de ser condenado, miedo de ser dejado en paz, de ser nadie, de ser anónimo. Y luego estás listo a ceder, a inclinarte ante cualquier tontería.

> Los padres de Simón estaban desesperados cuando se salió del colegio. Intentaron enviarlo a todas las escuelas de la ciudad —privadas, públicas, progresistas, academias militares—, pero nada le interesaba. Por fin intentaron una institución católica. Cuando Simón llegó a casa con su primera boleta de calificaciones, sus padres se quedaron sorprendidos al ver las mejores notas.
>
> —¿Qué ocurrió? —le preguntaron.
>
> —Bueno —respondió—, cuando para dondequiera que volteaba veía al pobre tipo clavado en la cruz, ¡vi que van en serio!

Crear miedo... crear tanto miedo como se pueda. Ésa ha sido la política de la sociedad. Los infiernos se han creado sólo para atraparte; los cielos se han creado para recompensar a quienes siguen los dictados. Todos son imaginarios: no hay infierno, no hay cielo. Pero esas recompensas y castigos son estrategias sutiles: han funcionado hasta ahora, y han destruido toda dignidad humana.

No tienes una corazonada. Tu corazonada y la conciencia creada por la sociedad se han mezclado. La corazonada es *hacer* algo: sí, ésa es una corazonada. Cuando la energía está allí, uno quiere hacer algo: es natural. La energía quiere expresarse. Pero con el motivo de ser digno... ésa es una parte de la conciencia, que se mezcla con tu corazonada. Tenlo claro.

Has sido afectado por la sociedad en todas las formas posibles. Te han confundido tanto que tienes que depender de alguien. O vas con el sacerdote... en los viejos tiempos uno iba al sacerdote. En India todavía van al sacerdote. En Occidente ha surgido un nuevo sacerdote: el psicoterapeuta, el psiquiatra, el psicólogo; vas con él. Y el milagro es que el sacerdote es igual que tú, tal vez está más confundido que tú, pero aun así vas con él para recibir un buen consejo. Sí, él repite el buen consejo como un loro. Tu psicoterapeuta, tu psiquiatra, tu psicoanalista puede estar con una ansiedad más profunda, con más tensiones que tú.

Apenas la otra noche uno de los sanniasins me preguntaba:

—Osho, la última vez que vine aquí me dijiste: «Busca el lado más ligero de la vida, cuenta las rosas, pasa por alto las espinas. Allí están, toma nota de ellas, pero no les prestes mucha atención». Pero mi psicoanalista ha dicho: «Eso es peligroso, eso va a reprimir tus emociones». Estoy confundido: ¿qué debo hacer?

—Espera unos días —le dije—, ¡tu psicoanalista estará aquí...!

Pero yo no estaba al tanto de que este mismo sanniasin era psicoanalista. Poco después mi ayudante me dijo que este hombre era psicoanalista. Ahora, eso de que un psicoanalista vaya con otro... ¿para qué? Y tal vez ése vaya con otro más.

El fundador del psicoanálisis, Sigmund Freud, era una de esas personas patológicas que uno puede imaginar: muy supersticioso. Ustedes reirán, si leen su biografía, de cómo un hombre así llegó a ser el fundador del psicoanálisis. Cómo se pudo confiar en tal hombre, que la gente creyera que lo que decía era verdad.

Uno de sus amigos le dio la idea de que, así como cada mujer tiene un periodo de veintiocho días para que llegue su menstruación, del mismo modo cada hombre tiene un periodo de veintitrés días. Hay cierta verdad en ello: no veintitrés días, sino exactamente veintiocho. Ahora se ha hecho mucha más investigación al respecto. Esos cuatro o cinco días en que la mujer tiene su periodo son tristes, depresivos, aburridos, negativos: de la misma manera, el hombre entra en un estado negativo cada mes durante cuatro o cinco días. Por supuesto, su periodo no es muy visible, pero está allí; es un hecho psicológico. Debe estar allí, porque hombres y mujeres no son muy diferentes.

Así que la idea del amigo iba en la dirección correcta. De pronto Sigmund Freud tuvo una idea —acostado en su cama, pensaba en veintiocho y veintitrés—: veintiocho más veintitrés suman cincuenta y uno, y no pudo dormir en toda la noche. A la mañana siguiente estaba seguro de que iba a vivir cincuenta y un años: una grandiosa «corazonada». Y comenzó a hablar de ello: veintiocho más veintitrés son cincuenta y un años, y él moriría.

El año cincuenta y uno llegó y se fue... y Freud no murió. Entonces tenía que encontrar algo más. El día que esperaba morir, su número de teléfono fue cambiado y el número final era sesenta y dos. Entonces dijo: «Miren, otra indicación: voy a morir a los sesenta y dos años». Ese día también llegó y se fue. Pero la gente como Sigmund Freud no es fácil... encontrará una cosa u otra. Se hospedaba en un hotel y la habitación era ochenta y dos, así que dijo: «Miren, otra indicación de lo alto: moriré a los ochenta y dos años... esto es absolutamente seguro». Y ese día también pasó. Murió cuando tenía ochenta y tres.

Personas tan supersticiosas... tenía mucho miedo de morir, por eso le preocupaba tanto. Tenía tanto miedo que cinco veces en su vida se desmayó en público porque alguien comenzó a hablar de la muerte. Solía quedar tendido en el suelo. ¡Sólo por la idea de la muerte! Y una persona así de patológica y neurótica llegó a ser el fundador del psicoanálisis.

Solía proyectarse: lo que era cierto para él, pensaba, era cierto para todo ser humano. Ése es el límite de la tontería. Todo lo que ha dicho sobre el hombre no se refiere al hombre, sino a Sigmund Freud. Freud es un solo individuo; no representa a todos los seres humanos. Nadie representa a los seres humanos, nadie puede hacerlo jamás.

Así, tal vez el psicoanálisis ayude a algunas personas —muy pocas, rara vez he visto a una persona que haya sido ayudada por el psicoanálisis—, pero son personas del mismo tipo que Sigmund Freud.

Se han realizado muchas investigaciones y se ha descubierto que aun las personas que son ayudadas no lo son por el psicoanálisis, sino por algo más. En un experimento, veinticinco personas recibieron psicoanálisis durante seis meses, y veinticinco fueron puestas en espera y les decían: «Pronto empezará su psicoanálisis». Todas sufrían de la misma enfermedad, y el resultado fue muy sorprendente. Los veinticinco que recibieron psicoanálisis fueron ayudados un poco, pero los veinticinco que estaban en espera fueron ayudados mucho más. La sola espera los ayudó mucho más.

De hecho, este secreto se ha sabido en Oriente y se ha practicado durante siglos. Si uno lleva un enfermo mental a un monasterio zen, lo ponen en aislamiento tres semanas; nadie habla con él —exactamente lo opuesto al psicoanálisis—, nadie lo escucha. Sólo lo mantienen aislado; alguien va, en absoluto silencio, pone comida allí y se regresa. El enfermo tiene que vivir consigo mismo tres semanas... y han ocurrido milagros en el curso de las eras.

Con sólo ponerlo allí tres semanas en aislamiento, se enfría poco a poco: nada de psicoanálisis, nada de terapia, sólo aislamiento. De hecho, sufría mucho por la gente, por el estrés de estar continuamente en una multitud. Tal vez el psicoanálisis no sea la verdadera causa de ayuda, sino la longitud del tiempo: el psicoanálisis continúa dos años, tres años, cuatro años. Continúa tanto como uno pueda costeárselo; depende de uno. Si tiene suficiente dinero, puede continuar la vida entera. De hecho, el psicoanálisis nunca termina. No puede, porque la mente es muy inventiva. Sigue inventando más y más basura. Comienza a disfrutar, poco a poco, porque mientras más basura genera, más feliz se siente el psicoanalista. Al verlo feliz, la mente lo complace con más. Cualesquiera que sean las expectativas del psicoanalista, el paciente las colma.

Los pacientes son en verdad pacientes, personas muy complacientes, corteses. ¡Buenas personas que son! Por eso sufren; no son personas duras, no son *hardware*, sino *software*. Sufren porque son blandas; los tipos duros hacen sufrir a otros. Los blandos se vuelven víctimas. Tres, cuatro años tendidos en el diván, hablando tonterías, esperando, esperando... lo ayuda a uno a desinhibirse, a volverse un poco más relajado. Y alguien escucha con gran atención, o al menos finge escuchar con mucha atención.

Mi propia observación es que la atención del psicoterapeuta es de inmenso valor. Éste es un mundo en el que nadie le presta atención a uno. Si el marido quiere hablar con la mujer, ella dice: «Hay mucho que hacer en la cocina... hay que lavar los trastos y no tengo tiempo». Si la esposa quiere hablar con el marido, él está cansado por todo un día en la oficina, el trabajo y el tráfico, y quiere ver la televisión. Una encuesta señala que la comunicación marido-mujer promedio en Estados Unidos es de sólo treinta y tres minutos al día... y eso en promedio. Y en esos treinta y tres minutos se pueden incluir: pelear, molestar, lanzar almohadas y toda clase de cosas. Sólo treinta y tres minutos entre marido y mujer... ¿en veinticuatro horas?

Ha surgido una gran necesidad de que alguien nos escuche. Por eso el psicoterapeuta ayuda: es un escucha profesional. Es la única cualidad que tiene, su única calificación en realidad. Uno puede iniciarse en el negocio —no se requiere ninguna otra calificación— si sabe una cosa: cómo sentarse a un lado y escuchar con atención. El solo escuchar con atención ayudará. La persona comienza a sentir: «Tengo algún valor. Alguien...». Y mientras más haya pagado, más ayuda, porque la persona que escucha no es un psicoterapeuta ordinario, del montón. «Alguien especial, muy famoso, conocido mundialmente... ¿y me está escuchando con atención?». La sola idea da valor. «Entonces debo de ser alguien de inmensa belleza».

Puede uno estar farfullando disparates. Eso es lo que en *psicojerga* llaman «libre asociación»: sacar cualquier cosa que venga a la mente. Si se escucha con atención a tales disparates, se satisface una gran necesidad: la persona se siente valiosa, importante, siente que es alguien.

Recuerden, esta sociedad los ha desarreglado tanto que el hombre como tal está casi al borde de la locura. Todo amor ha desaparecido, toda comunicación ha desaparecido, toda amistad, toda sensibilidad estética han desaparecido. Las personas se han vuelto semejantes a zombis. Hablan entre sí, pero no hablan, no se juntan. Esta sociedad está enferma, y cuando digo «esta sociedad», me refiero a todas las sociedades que existen en el mundo. Más o menos, en esta forma u otra, están enfermas, porque en el pasado, durante siglos, hemos estado creando un modelo de ser humano que es defectuoso. Hemos dado ideales a la gente y le hemos dicho: «A menos que satisfagas estos ideales, nunca serás valioso». Y esos ideales son imposibles. Convencemos a las personas para que sean perfectas. Y una vez que la idea de ser perfecto entra en el ser de alguien, lo transforma en un neurótico.

Acepta tus limitaciones, acepta tus imperfecciones. ¡Eso es lo que significa ser humano! Y acéptate como eres: con alegría, no con impotencia. Porque la existencia te acepta; ésta es mi enseñanza básica: la existencia te acepta, así que acéptate a ti mismo; ámate. Que haya un gran incremento de amor por uno mismo. A partir de ese amor comenzarás a ser creativo; una persona que se ama está destinada a ser creativa. No digo que te volverás famoso; no digo que serás un Picasso, un Ezra Pound o un Pablo Neruda, no: quizá lo seas, quizá no. ¡Pero eso es irrelevante! Lo verdadero es disfrutar la creatividad. Hagas lo que hagas, hazlo con alegría. Pon toda tu inteligencia en ello, sé meditativo en torno a ello.

Comentas: «Y dices que Dios está en mí. Me doy cuenta de que busco en mi interior algún concepto que obtuve del exterior». Nunca encontrarás dentro de ti a esa clase de Dios. Tendrás que desechar todos los conceptos que te han dado desde el exterior, porque Dios no es una persona. No existe una pintura de Dios, ninguna estatua es posible. ¡Dios es una experiencia! Si tienes la idea de Dios que tus padres y tu sociedad te han dado, irás al interior con esa idea y esa idea será el obstáculo: no te permitirá ver lo que es. Y Dios es lo que es. No necesita conceptos para ser visto; los conceptos te ciegan. Desecha todos los conceptos.

Si en verdad quieres entrar, entra como *agnóstico*. La palabra es hermosa. Debes de haber oído la palabra «gnóstico», significa *alguien que sabe*: «gnosis» significa *conocimiento*. «Agnóstico» significa *alguien que no sabe*; significa alguien que sólo sabe una cosa: que no sabe. Sé un agnóstico: ése es el principio de la verdadera religión. No creas, no descreas. No seas hindú, jaina ni cristiano; de otro modo andarás a tientas por la oscuridad para siempre. Si no desechas todas las ideologías, todas las filosofías, todas las religiones, todos los sistemas de pensamiento, y entras vacío, sin nada en la mano, sin ninguna idea... ¿cómo puedes tener una idea de Dios? No lo has conocido. Sólo entra... con un gran deseo de saber, pero sin ninguna idea del conocimiento; con intensidad de conocer, con un amor apasionado por conocer lo que haya allí, pero no lleves ideas dadas por otros. Déjalas afuera. Ésa es la mayor barrera para el que busca en el sendero de la verdad.

Dios está allí, pero no puedes verlo porque tus ojos están cegados por los conceptos que te dieron. Dios no es judío, así que si tienes una idea judía de Dios, no lo hallarás. He escuchado una bella historia acerca de un místico sufí, Farid:

Una noche sueña que por la gracia de Alá ha llegado al paraíso. Y todo el paraíso está decorado: millones de luces y flores por doquier —hay alguna celebración—, y hermosa música.

—¿Qué ocurre? —pregunta.

—Dicen que es el cumpleaños de Dios —le responden—, lo estamos festejando. Has llegado en el momento oportuno.

Se coloca debajo de un árbol para ver lo que ocurre, porque una gran procesión comienza a avanzar en el camino. Pasa un hombre a caballo.

—¿Quién es ese hombre? —pregunta Farid.

—¿No lo conoces? Es Hajrat Mahoma.

Y detrás vienen millones de personas.

—¿Y quién es esa gente?

—Son mahometanos, seguidores de Mahoma.

Y luego viene Jesús, y sus millones de seguidores.

Después viene Krishna en su carro dorado, y otra vez millones detrás.

Y así sucesivamente... la procesión sigue y sigue.

Por fin, montado en un viejo asno, llega un hombre. Nadie va detrás; viene solo. Farid se echa a reír al verlo; es hilarante: nadie lo sigue. ¿Y por qué va en un burro?

—¿Quién eres tú, señor? —le pregunta—. He visto a Mahoma, Cristo, Krishna, Mahavira, Buda... ¿tú quién eres? ¡Pareces cosa de broma! Y nadie te sigue.

El anciano, muy triste, contesta:

—Sí, soy Dios. Es mi cumpleaños. Pero algunas personas se han vuelto mahometanas, otras se han vuelto cristianas, otras judías, otras hindúes... nadie ha quedado para estar conmigo.

Farid se despertó de la pura impresión. Al día siguiente dijo a sus discípulos:

—Ya no soy mahometano. Ese sueño fue una gran revelación. Ya no soy parte de ninguna religión organizada: soy sencillamente yo. Me gustaría estar con Dios, que por lo menos una persona lo siga.

Si tienes cierta idea de Dios, no podrás verlo. Tu idea se vuelve una barrera. Desecha todas las ideas que has recogido de fuera; sólo entonces puedes ir al interior.

Dices: «Es como mirar un pozo en la noche. Veo reflejos y pienso que es el fondo, pero es sólo la superficie. Aun cuando sé que sólo necesito soltarme y esperar, más que buscar nada...». Eso es cierto: apégate a esa percepción. Si buscas algo no serás capaz de ver, porque la sola idea de buscar algo significa que tienes una idea de lo que buscas. Buscar algo es una especie de ceguera.

La visión ocurre sólo cuando no buscas nada en particular; sólo estás allí, abierto, disponible. Entonces, lo que es se revela. No busques a Dios si quieres verlo. Sólo espera: déjate ir y espera. ¡Dios es un suceso! Si eres silencioso, abierto, amoroso hacia tu propio ser, consciente, ocurrirá. En cualquier momento, cuando estés en sintonía correcta con la existencia, ocurrirá.

Dios está allí, tú estás allí, sólo se necesita sintonía correcta. Y eso es lo que yo te enseño, sintonía correcta. Desechar todas las ideologías te ayuda a estar en sintonía correcta. Y una vez que estás en sintonía con la existencia, eso es dicha. Has llegado a casa.

- **Uno de los espacios más bellos y relajantes que conozco es el del «sí», y la aceptación de mí mismo y de otros. ¿Te gustaría hablar del «sí» como parte de la rebelión?**

La connotación ordinaria de la rebelión sería más fácil con «no» que con «sí»; sería más fácil con la desobediencia que con la obediencia, con la duda que con la confianza. Pero ésa es la connotación ordinaria de la palabra. La rebelión de la que hablo es sin duda un «no» al pasado: a todo lo que es supersticioso, lo que ha dañado a la humanidad, lo que ha impedido el crecimiento de la consciencia humana, de todo lo que ha convertido al mundo en un infierno. Pero ésta no es la parte básica de la rebelión.

La parte fundamental de la rebelión es el «sí». Sí a un hombre nuevo, a una nueva mujer, a un nuevo tipo de relación amorosa; a un nuevo mundo sin familias, sin naciones, sin religiones; sí a una humanidad entera como familia. Sí a un mundo de paz, amor, alegría... que para mí son los componentes básicos de la religiosidad. Sí a un mundo lleno de canciones, música, danza y creatividad.

La parte del «no» es muy pequeña. Es como demoler un viejo edificio en el que es peligroso vivir, que puede caer en cualquier momento, que no va a durar mucho y que es mejor demoler, pues de otro modo matará a personas. La parte del «no» es sólo la manera en que el escultor trabaja la piedra, cortando piezas de ella... esa es la parte del «no».

Pero la parte del «sí» es la creación de un hermoso Buda Gautama, o de un Jesucristo. Toda creación necesita, en preparación, cierta destrucción: alguna destrucción de maleza se necesita para crear un jardín de rosas. Esa cantidad de «no» es absolutamente esencial. Pero es al servicio del «sí».

Dices: «Uno de los espacios más bellos y relajantes que conozco es el del 'sí'». Pero no deberías olvidar que un «sí» no puede existir sin preparar el camino para él. Es la dialéctica de la vida: para crear algo hay que destruir algo. No se puede crear algo sin destruir algo más.

He escuchado sobre una vieja iglesia: era tan antigua que las personas habían dejado de entrar en ella, porque bastaba un viento fuerte para que comenzara a bambolearse. Era tan frágil que en cualquier momento podría venirse abajo. Hasta el sacerdote había empezado a dar sus sermones afuera, lejos, en el campo abierto.

Por fin, los consejeros del templo tuvieron una reunión; tenían que hacer algo. Pero el problema era que la iglesia era muy antigua; era la gloria del pueblo. El poblado gozaba de extendida fama a causa de la vieja iglesia; tal vez era la más antigua del mundo. No era posible demolerla y construir una nueva. Pero también era peligroso dejarla como estaba: iba a matar a algunas personas.

Durante años nadie había entrado, ni siquiera el sacerdote tenía el valor de hacerlo, porque nadie sabía en qué momento podría venirse abajo. Había que hacer algo.

El consejo estaba en un gran dilema: había que hacer algo, pero nada se debía hacer porque la iglesia era tan antigua. Y el hombre tiene mucho apego a las cosas antiguas. Así pues, adoptaron una resolución con cuatro cláusulas. La primera era: «Haremos una nueva iglesia, pero será exactamente igual que la antigua. Se hará del mismo material que la antigua; no se usará nada nuevo en ella, para que siga siendo antigua. Se pondrá en el mismo lugar donde está la antigua, porque el lugar ha sido santificado por su antigüedad».

Y la última parte de la resolución era: «No demoleremos la vieja iglesia hasta que la nueva esté lista».

Todos estaban felices de haber llegado a una conclusión. Pero ¿quién iba a preguntar a esos idiotas cómo lo iban a hacer? No debían demoler la antigua hasta que la nueva estuviera lista, y la nueva tenía que ser hecha de lo mismo que la antigua, y en el mismo lugar donde ésta se levantaba, con exactamente la misma arquitectura. Nada nuevo se le podía añadir: las mismas puertas, las mismas ventanas, el mismo cristal, los mismos ladrillos: todo lo que se usaría tenía que ser de la vieja iglesia. Y, por último, no se podía tocar la antigua hasta que la nueva estuviera lista. «Cuando la nueva esté lista, podemos demoler la antigua».

Así es la mente humana, se aferra a lo viejo; también quiere lo nuevo, y entonces trata de lograr alguna transacción: que lo nuevo por lo menos debe parecerse a lo antiguo. Pero algunas cosas son imposibles; la naturaleza no las permite.

Primero hay que decir «no». Y hay que aprender a decir «no» con un corazón amoroso, porque se dice por servicio al «sí»; no es negativo en absoluto. Que sea un «no», no significa que tenga que ser negativo. En el lenguaje es negativo; pero en la realidad, si es por servicio al «sí», si es servidor del «sí», ¿cómo puede ser negativo? Lo que sirve a lo positivo —prepara el terreno para lo positivo, para que lo positivo llegue— no puede ser negativo.

Mi rebelde tiene un corazón lleno de «sí», pero su «sí» no es impotente. Su «sí» es capaz de decir miles de nos al servicio de un sí. Destruirá todo lo que evite que lo nuevo nazca. Destruirá todos los viejos lazos, las viejas cadenas, las viejas cárceles —psicológicas, espirituales— al servicio de la libertad, al servicio del amor, de la verdad. Entonces el «no» sufre una transformación, se vuelve parte de un sí más grande. Y un sí que no toma parte en lo que es capaz de destruir... ese sí permanece impotente, porque no puede crear. No hay creación posible sin destrucción.

Así pues, recuerda una cosa: la destrucción no debe ser el objetivo en sí misma. Entonces es fea, es simplemente no y sólo es negativa. Entonces está contra la vida y contra la existencia. Cada destrucción debe estar al servicio de alguna creatividad. Entonces no es negativa. Entonces no está al servicio de la muerte, sino de la vida. Es afirmativa de la vida. Y en transformar en el «no» en sí radica todo el arte del rebelde meditativo.

El rebelde ordinario comienza disfrutando la destrucción y olvida por completo para qué destruye; la destrucción se vuelve un objetivo en sí misma. La desobediencia se vuelve su ego, su terquedad, su actitud arrogante hacia la vida. Yo no quiero rebeldes políticos; quiero rebeldes espirituales, cuyo interés no se relacione para nada con la destrucción. No destruirán ni siquiera algo pequeño si ello no es absolutamente necesario para la nueva creación, para el nuevo mundo.

> Paddy puso cinco dólares en la bandeja de la limosna en su iglesia.
>
> —¿Qué le ocurre a todo este dinero? —preguntó.
>
> —Va al Señor —respondió el sacerdote.
>
> —Ah, bien —dijo Paddy, retirando sus cinco dólares de la bandeja—. Tengo setenta y cinco años; de seguro veré al Señor antes que un hombre joven como usted: se los puedo dar en persona.

¡Ésa parece una actitud absolutamente positiva! ¿Qué caso tiene dar cinco dólares a un joven sacerdote cuando uno va a ver al Señor antes que él? Retira tus cinco dólares; es mejor darlos en persona que por conducto de un mediador que tomará su comisión. ¿Y quién sabe si alguna vez llegará al Señor o no? No hay garantía.

Tienen que recordar no tomarse nada en serio, sino mantenerse jocosos, nada serios, porque mientras más jocosos y menos serios sean, más clara es su comprensión.

Un hombre serio deja de entender, ya ha adoptado cierta actitud, fija, inmutable; se ha vuelto prejuiciado. Tu «sí» no debe ser un prejuicio; de otro modo no será el sí en el sentido que menciono. Mi «sí» lleva implícito el «no». Mi creatividad lleva implícita la destrucción porque, sin el «no», el «sí» se vuelve impotente. El «no» tiene ciertas cualidades que el «sí» no tiene. Lo único es que no dejes que se vuelva tu amo y tu jefe.

El «sí» sigue siendo tu mayor valor, y el «no» se vuelve un servidor; entonces no hay problema con el «no». El «no» tiene su propia belleza. Cuando es sólo una sombra del «sí», es inmensamente hermoso. Y el «sí» de una persona que no puede decir no carece de todo significado.

Así pues, yo enseño el «sí» como el valor supremo, el fin, y el «no» tiene que ser su medio. Entonces estamos usando todo el proceso dialéctico de la vida. Entonces usamos los opuestos para un solo propósito. Transformamos su oposición diametral en una unidad complementaria y orgánica.

DOS

Entendimiento es libertad

Cada sociedad se preocupa por fortalecer más y más a la mente, de modo que, si hay algún conflicto entre el corazón y la mente, ésta va a ganar. Pero cada victoria de la mente sobre el corazón es una miseria. Es una victoria de otros sobre tu naturaleza, sobre tu ser... sobre ti. Y ellos han cultivado tu mente para servir a sus propósitos.

- **Los sacerdotes, monjas y parientes que formaron mi vida están hoy viejos y exhaustos. La mayoría han muerto. Parece inútil rebelarse contra esas viejas personas indefensas. Yo no soy el sacerdote ni las doctrinas. Siento que rebelarse contra cualquier cosa externa para mí es una pérdida de tiempo y que sencillamente no viene al caso. Eso vuelve mucho más frustrante y enredada la situación. Es como si el ser debiera rebelarse contra el ser. Acepto que no es el ser esencial —el rostro original— el que tiene que rebelarse. Es el ser entrenado, el subterfugio. Pero ése es el único *ser* que tengo o que conozco contra el cual rebelarme. ¿Cómo se rebela el subterfugio contra el subterfugio?**

La rebelión de la que hablo no se hará contra nadie. No es en realidad una rebelión, sino sólo un entendimiento. No van ustedes a luchar contra los sacerdotes, monjas y parientes de afuera, no. Y tampoco lucharán contra los sacerdotes, monjas y padres de adentro. Porque, exteriores o interiores, no importa; están separados de ustedes. Lo exterior está separado; lo interior también. Lo interior es sólo el reflejo de lo exterior.

Tienes toda la razón al afirmar: «Parece inútil rebelarse contra esas viejas personas indefensas». Yo no te digo que te rebeles contra ellas. Y tampoco te digo que te rebeles contra todo lo que ellas han puesto dentro de ti. Si te rebelas contra tu propia mente, será una reacción, no una rebelión. Nota la diferencia. Una reacción surge de la ira; una reacción es violenta. En una reacción, la ira te ciega. En una reacción comienzas a moverte hacia el otro extremo.

Por ejemplo, si tus padres te han enseñado a ser limpio y bañarte todos los días, y esto y lo otro, y desde el principio te han enseñado que la limpieza es cercana a Dios, y un día empiezas a rebelarte, ¿qué vas a hacer? Dejarás de bañarte. Comenzarás a vivir en la mugre. La gente hace eso. Se le enseñó que la limpieza es cercana a Dios y ahora cree que la suciedad es cercana a Dios. Se ha movido de un extremo a otro. Eso no es rebelión; eso es ira, coraje, venganza.

Y al reaccionar contra tus padres y sus supuestas ideas de limpieza, sigues apegado a la misma idea. Aún te acosa, aún tiene poder sobre ti, aún es dominante, decisiva. Aún decide tu vida, aunque te hayas vuelto lo opuesto a ella; pero ella decide. No puedes bañarte con facilidad; recuerdas que tus padres te obligaban a hacerlo cada día. Ahora no te bañas en absoluto.

¿Quién te domina? Tus padres, todavía. Aún no has logrado deshacer lo que ellos te hicieron. Eso es reacción, no rebelión.

Entonces, ¿qué es rebelión? Rebelión es puro entendimiento. Sencillamente entiendes lo que ocurre. Después ya no estás neuróticamente obsesionado con la limpieza, eso es todo. No te vuelves sucio. La limpieza tiene su propia belleza. Uno no debe obsesionarse con ella, porque la obsesión es enfermiza.

Por ejemplo, una persona que se lava continuamente las manos el día entero es neurótica. Lavarse las manos no es malo, pero lavárselas todo el día es locura. Pero si de lavarse las manos todo el día pasa a no lavarse, si deja de lavarse para siempre, entonces una vez más queda atrapada en otra locura, de signo opuesto.

El hombre de entendimiento se lava las manos cuando se necesita. Cuando no, no se obsesiona con ello. Es natural, espontáneo. Vive con inteligencia, eso es todo.

Y, si uno no observa con minuciosidad, no hay mucha diferencia entre obsesión e inteligencia. Si uno se topa con una serpiente en el camino, es natural que salte de miedo. Pero ese miedo es inteligencia. Si uno no es inteligente, no se quitará del camino y sin necesidad invitará al peligro a su vida. La persona inteligente saltará de inmediato: la serpiente está allí. Es miedo, pero es un miedo inteligente, positivo, que sirve a la vida. Pero ese miedo se puede volver obsesivo. Por ejemplo, el que no se puede asentar en una casa porque, quién sabe, el edificio se podría caer. Y se sabe de casas que se han caído, cierto. A veces han caído; no está del todo equivocado. Puede alegar: «si otras casas han caído, ¿por qué esta no?». Ahora tiene miedo de vivir bajo cualquier techo... podría caer. Eso es obsesión. Es no ser inteligente.

Es bueno cuidarse y comer alimentos limpios. Pero conozco a un hombre, un gran poeta... Una vez viajó conmigo. Su esposa me dijo:

—Ahora verás lo difícil que es vivir con este hombre.

—¿Qué pasa con él?

—Lo verás por ti mismo.

No tomaba té ni agua en ninguna parte. Era muy difícil, porque decía: «¿Quién sabe si hay gérmenes en el té o en el agua?». No comía en ningún restaurante. Era un problema. Tenía que viajar treinta y seis horas en tren, y moría de hambre y sed porque no tomaba agua.

Intenté persuadirlo en todas las formas posibles. Decía: «No. ¿Quién sabe si hay gérmenes? Es mejor pasar hambre durante treinta y seis horas. No voy a morir; no te preocupes». Pero yo podía ver que el hombre se torturaba. Era un verano caluroso y tenía sed. Intenté en todas las estaciones. Le llevaba refrescos. Le llevé una Coca-Cola, de todo. Me decía: «Olvídalo. No puedo tomar nada si no estoy totalmente seguro. ¿Qué certeza hay? ¿Qué garantía?».

Y no está del todo equivocado, cierto. Uno conoce India, las estaciones y los restaurantes indios. ¡Uno los conoce! Tiene razón, pero lleva su lógica demasiado lejos.

—Entonces deberías dejar de respirar también —le dije.

—¿Por qué?

—¿Quién sabe? —contesté—. ¿Cuál es la garantía? ¡Deja de respirar! ¡O tomas esta agua o dejas de respirar!

Entonces le metí un poco de sentido común, porque yo estaba de veras enojado.

—¿Por qué sigues respirando? Quién sabe, podría haber gérmenes; hay gérmenes por todas partes.

Bebió una taza de té, pero ¡en qué forma! Su cara... no puedo olvidarla. Hace diez años de eso, pero no puedo olvidar su cara... ¡como si estuviera muriendo! Yo era un asesino y él estaba complaciéndome.

Y en la siguiente estación, bajó del tren y dijo:

—No puedo viajar contigo; me regreso a casa.

—¿Qué pasa? —pregunté.

—Estabas tan enojado que parecía que ibas a golpearme. Y dijiste: «Ya no respires». ¿Cómo puedo dejar de respirar?

—Sólo te estaba dando un argumento, que si puedes respirar, ¿por qué no beber agua? Es lo mismo el agua india que el aire indio. No te preocupes.

Se negó a viajar conmigo. Tuve que seguir solo. Regresó a casa, y desde entonces no he vuelto a verlo. Uno puede obsesionarse con lo que sea. Cualquier cosa que puede ser inteligente dentro de sus límites puede volverse neurótica si la extiende uno demasiado. La reacción es moverse al otro extremo.

La rebelión es un entendimiento muy profundo de cierto fenómeno. Y la rebelión siempre nos mantiene en el centro; nos da equilibrio.

No vas a pelear con nadie, ni las monjas ni los sacerdotes ni tus padres, externos o internos. No vas a pelear con nadie porque en una pelea no sabes dónde detenerte. En una pelea uno pierde la consciencia y empieza a irse al extremo. Podemos observarlo.

Por ejemplo, está uno sentado con los amigos, y como de paso dice: «La película que vi ayer no valió la pena». Tal vez la mencionó de pasada, pero alguien responde: «Estás mal. Yo ya la vi. Es una de las películas más bellas que se han filmado». Uno ha sido provocado, desafiado; se dispone a alegar. «¡No vale nada, es la cosa más anodina!», contesta. Y se pone a criticar. Si el otro insiste, uno se pone cada vez más enojado y comienza a decir cosas que ni siquiera había pensado. Y más tarde, al mirar atrás, uno repasa todo lo que ocurrió y se sorprende de que cuando mencionó que no valió la pena era una aseveración bastante moderada, pero para cuando terminó la discusión ya se había ido al extremo. Había usado todos los calificativos posibles, todas las malas palabras que se sabe. Pudo condenarla en todas formas, usó todas sus habilidades de condena. Al principio no tenía ese propósito; si nadie se hubiera opuesto, habría tal vez olvidado el tema. Tal vez nunca habría hecho aseveraciones tan intensas.

Así ocurre... cuando uno empieza a pelear, se va al extremo.

Yo no les enseño a luchar contra sus condicionamientos. Entiéndanlos. Vuélvanse más inteligentes al respecto. Dense cuenta de cómo los dominan, cómo influyen en su conducta, cómo han dado forma a su personalidad, cómo siguen afectándolos desde la puerta trasera. ¡Sólo observen! Sean meditativos. Y un día, cuando hayan visto cómo funcionan sus condicionamientos, de pronto lograrán un equilibrio. Y en ese solo entendimiento, quedan liberados.

El entendimiento es libertad, y a esa libertad la llamo rebelión.

El verdadero rebelde no es un luchador, es un hombre de entendimiento. Sencillamente crece en inteligencia, no en ira, no en rabia. Uno no puede transformarse a sí mismo enojándose con su pasado, porque entonces el pasado lo seguirá dominando:

entonces el pasado seguirá en el centro de su ser, seguirá siendo el foco. Uno seguirá enfocado en el pasado, atado a él. Uno podrá moverse al otro extremo, pero seguirá atado al pasado.

¡Cuidado con eso! Ése no es el camino del meditador; no es el camino del sanniasin. Sannias es rebelión: rebelión a través del entendimiento. Sólo entiendan.

Ustedes pasan al lado de una iglesia y los asalta un profundo deseo de entrar a orar. O inconscientemente hacen una inclinación a la deidad del templo. Observen. ¿Por qué hacen esas cosas? No lo digo para pelear. Digo que observen. ¿Por qué se inclinan en el templo? Porque se les enseñó que ese templo es el correcto, que la deidad de ese templo es la verdadera imagen de Dios. ¿Lo saben, o sólo se los han dicho y ustedes lo siguen haciendo? ¡Observen!

Al ver que sólo repiten un programa que se les ha dado, que sólo reproducen una cinta que llevan en la mente, que se comportan en forma automática, dejarán de inclinarse. No es que tengan que hacer esfuerzo alguno, simplemente lo olvidan. Desaparecerá, se irá sin dejar huella.

En la reacción, queda la huella. En la rebelión no hay huella; es la libertad total.

Y preguntas también: «¿Quién va a pelear con quién?». Esa pregunta surge sólo si va a haber pelea. Como no habrá pelea, la pregunta no surge.

Sólo tienes que ser testigo. Y atestiguar es tu rostro original; el que atestigua es tu verdadera consciencia. Lo atestiguado es el condicionamiento. El que atestigua es la fuente divina de tu ser.

- **¿Por qué la gente ha sido distraída de su ser original, por principio de cuentas?**

El hombre nace con un potencial inexplorado e imposible de conocer. Su rostro original no es visible cuando llega al mundo. Tiene que encontrarlo. Será un descubrimiento, y eso es lo hermoso. Y ésa es la diferencia entre un ser y una cosa.

Una cosa no tiene potencial, es lo que es. Una mesa es una mesa, una silla es una silla. La silla no se convertirá en otra cosa, no tiene potencial; sólo tiene realidad. No es una semilla de algo.

El hombre no es una cosa. Eso implica todo el problema y toda la alegría, todos los retos, todas las perturbaciones.

El niño llega vacío, sin nada escrito en él, sin indicaciones de lo que va a ser: todas las dimensiones están abiertas.

Eso es la primera noción básica que hay que entender: que un niño no es una cosa; un niño es un ser. Aún no es, pero va a ser. Es un proceso, y no hay posibilidad de predecir dónde va a terminar; cuál será el desenlace final de sus experiencias de vida, sus angustias, ansiedades, éxtasis; cuál será el monto de todo ello al final. La suma total de su vida entera no está disponible al principio.

No trae un mapa. Todos los astrólogos los han estado engañando, igual que los quirománticos, y los pudieron engañar porque tuvieron oportunidad de hacerlo. A los padres les preocupa saber qué será del niño. Y su preocupación nace del amor, por eso pueden ser explotados por toda clase de embaucadores. Esos embaucadores pueden predecir «será esto, será aquello». Pero no causan mucho daño; simplemente explotan un poco. Sus predicciones nunca se cumplen.

El mayor problema surge del sacerdote, del político, de los pedagogos. El político no está interesado en cuál es el verdadero potencial del niño. Está interesado en que el niño se vuelva parte de su ruta hacia el poder. Tiene una inversión en cada niño, porque cada niño es un amigo o enemigo potencial. Es bueno comenzar a prepararlo lo antes posible. Así que antes de que el niño empiece por sí mismo, se le desvía hacia un camino el cual va a llenar el deseo del político, pero que matará la semilla que hay en el niño.

El sacerdote está interesado: tiene una inversión. El papa es más grande si hay más católicos en el mundo. Si desaparecen los católicos, ¿qué valor tiene un papa? ¿Quién se interesaría por él? Cada niño que nace tiene cierto poder que políticos y sacerdotes pueden explotar.

Pronto un niño se convertirá en un ciudadano del mundo: hay que atraparlo. Debe volverse católico si nace de padres católicos o, si por fortuna es huérfano, entonces la Madre Teresa puede cuidarlo y convertirlo en católico. Son inmensamente felices: mientras más huérfanos haya en el mundo, más Madres Teresas podrán recibir sus premios Nobel: más huérfanos significan más católicos. Mientras más pobres haya en el mundo... es fácil convertirlos al cristianismo.

Jesús dice que no sólo de pan vive el hombre. Eso es cierto en el hombre auténtico, pero no hablando de las masas. En lo que a las masas concierne, yo les digo a ustedes que el hombre vive de pan y sólo de pan. Y sólo hay masas... ¿dónde está el hombre auténtico? Esos políticos, esos sacerdotes, esos pedagogos no dejan a nadie a su albedrío para que pueda volverse auténtico, para que pueda obtener su rostro original, para que pueda encontrarse a sí mismo.

En todos lados hay personas con intereses velados en todos los niños. Y el niño es simplemente una tabla rasa, nada está escrito en él; para todos es una gran tentación escribir en él. Los padres, desde luego, querrían escribir su propia religión, su casta, su filosofía, su política, porque el niño los debe representar. El niño debe llevar su herencia. Si han sido hindúes durante siglos, el niño debe ser hindú, llevar la herencia del hinduismo a futuras generaciones. No están interesados en el potencial del niño —nadie está interesado en él—: están interesados en su inversión, y por supuesto, todos están invirtiendo.

Los padres invierten mucho en el niño, le dan nacimiento, lo crían, lo educan; y todo es condicionado: se diga o no, de eso se trata. Un día dirán: «Hemos hecho todo esto por ti, ha llegado el momento en que debes estar consciente de lo que hemos hecho y corresponder». Porque así es como nos han criado nuestros padres: generación tras generación, el mismo proceso. El maestro está interesado en que el estudiante lo represente. El maestro religioso está interesado en que el discípulo sea un modelo de sus enseñanzas.

Lo que quiero que recuerden es que todos están interesados en el niño por algún motivo que al niño no le interesa en absoluto. Pero el niño está indefenso, no puede luchar contra todas esas personas. Son poderosas. Él depende de ellas; si quieren que se convierta en algo, tendrá que hacerlo. Eso es absolutamente claro para él, que si va contra los padres y si se porta mal, los está traicionando. Esas son ideas que le han dado los padres, los sacerdotes, los maestros. Se siente culpable. Cualquier afirmación de su propio ser se vuelve culpa, y toda pretensión de complacer a los padres, a los líderes religiosos, a los educadores, a los políticos —que es sólo una simulación— rinde buenos dividendos. El niño comienza a aprender política desde el principio: a ser hipócrita, bajo. Sé auténtico y serás castigado. Ahora bien, el niño tiene una aritmética simple y no podemos condenarlo por ello.

Mi niñez —porque de ella puedo hablarles con mayor autoridad; no sé de la infancia de ustedes, conozco sólo la mía— fue una pregunta cotidiana. Continuamente me pedían hablar con la verdad. Y le decía a mi padre: «Siempre que me pides hablar con la verdad, tienes que recordar una cosa, que la verdad tiene que ser recompensada; de otro modo me obligas a no decir la verdad. Estoy dispuesto».

Con mucha facilidad me di cuenta de que la verdad no es provechosa: uno es castigado. Las mentiras son provechosas: uno es recompensado. Era una cuestión de importancia decisiva, inmensa. Así que les dejé en claro a mis padres que había que entenderla con claridad: «Si quieren que diga la verdad, entonces tienen que recompensar la verdad, y no en una vida futura, sino aquí y ahora, porque yo estoy diciendo la verdad aquí y ahora. Y si la verdad no es recompensada, si me castigan por decirla, entonces me están obligando a mentir. Así que dejemos esto en claro: para que no haya problema para mí, siempre diré la verdad».

No creo que todos los niños traten de entender eso y llegar a un acuerdo claro con sus padres. Pero eso se volvió un acuerdo con mi padre. De qué modo la verdad se volvió contra él, su moralidad, su familia, su sociedad, su respeto, eso no importaba; lo que importaba era que yo decía la verdad. Y por ello yo necesitaba recompensa inmediata: «De otro modo la próxima vez sabrán que digo lo que quieren oír... pero recuerden, será una mentira».

El día que le dije esto a mi padre por primera vez, dijo: «Déjame pensarlo, porque parece que hay gato encerrado. Me pones una trampa sutil. Si haces alguna travesura y dices la verdad, tendré que recompensarte por tu travesura».

Le contesté: «Es asunto tuyo decidir si quieres que diga la verdad o no. De todos modos voy a hacer lo que yo quiera. La travesura habría ocurrido de cualquier modo. Ha pasado; sólo después surge la cuestión de decir la verdad o no. Así que, ¿para qué meter la travesura en esto? Ya ha ocurrido. No hay nada que se pueda hacer al respecto. No puedes deshacerla. Lo que se puede hacer es obligarme a mentir, y puedo mentir. Y puedo mentir con tal desparpajo que creerás que digo la verdad. Si ésa es la forma, que así sea, pero recuerda, tú has sido responsable por desviarme de la verdad, porque recompensabas las mentiras y castigabas la verdad. Puedes pensarlo. No tengo prisa. Tú me estás preguntando».

Lo que había ocurrido era que a dos o tres calles de mi casa vivía una familia de brahmanes muy ortodoxos. Los brahmanes se cortan todo el cabello, excepto una pequeña parte en el séptimo chacra, la cual sigue creciendo. Todo el tiempo intentan mantenerla dentro de su gorro o en el turbante. Lo que yo había hecho era cortar el pelo del padre. En el verano, en India, la gente duerme fuera de la casa. Saca a la calle camas, colchones, catres. Toda la ciudad duerme en las calles porque hace mucho calor.

Así que este brahmán estaba durmiendo... ¡y no fue mi culpa! Tenía un *choti* muy largo; se llama *choti* a esa mata de pelo. Nunca la había visto porque siempre estaba oculta en el turbante. Mientras dormía, le colgaba y tocaba el suelo. Desde el catre era tan larga que sentí la tentación y no pude resistir: corrí a casa, saqué las tijeras, lo corté por completo y me lo llevé a mi cuarto.

Por la mañana debió de darse cuenta de que ya no lo tenía. No podía creerlo porque toda su pureza estaba en él, toda su religión... toda su espiritualidad estaba destruida. Pero todos en el vecindario sabían que si algo andaba mal... primero corrían a buscarme. Y él vino de inmediato. Yo estaba sentado afuera, sabiendo que vendría en la mañana. Me miró. También yo lo miré.

—¿Qué miras? —me dijo.

—¿Qué miras tú? —dije—. Lo mismo.

—¿Lo mismo?

—Sí, lo mismo. Tú dilo.

—¿Dónde está tu padre? —preguntó—. No quiero hablar contigo.

Entró. Salió con mi padre y éste dijo:

—¿Le has hecho algo a este hombre?

—No le hecho nada a este hombre, pero he cortado un *choti*, que sin duda no pertenece a este hombre porque cuando lo corté, ¿qué estaba haciendo él? Pudo haberlo evitado.

—Estaba dormido —dijo el hombre.

—Si te hubiera cortado el dedo cuando dormías —dije—, ¿habrías seguido dormido?

—¿Cómo hubiera podido seguir dormido si me hubieras cortado el dedo?

—Eso muestra sin lugar a dudas que los cabellos están muertos —respondí—. Puedes cortarlos y a la persona no le duele, no sale sangre. Así que, ¿por qué el alboroto? Lo que colgaba de allí era una cosa muerta. Y me pareció que llevabas innecesariamente esa, cosa muerta, dentro de tu turbante… ¿por qué no aliviarte? Está en mi cuarto. Y con mi padre tengo el acuerdo de decir la verdad.

Así que fui por el *choti* y dije:

—Si estás tan interesado en él, puedes tomarlo. Si es tu espiritualidad, tu brahmanismo, puedes atarlo en un nudo y ponerlo dentro de tu turbante. Está muerto de todos modos: estaba muerto cuando lo traías pegado, cuando yo lo despegué. Puedes tenerlo dentro de tu turbante.

Y frente a ese hombre, le pregunté a mi padre:

—¿Mi recompensa?

—Ése es el problema —dijo mi padre—. Ayer me propuso un trato de que si dice la verdad… y sinceramente, no sólo está diciendo la verdad, sino incluso está dando la prueba. Ha contado toda la historia, e incluso la lógica que hay detrás, que es una cosa muerta, así que ¿por qué molestarse? Y no está ocultando nada.

Me recompensó con cinco rupias. En esos días, en esa pequeña aldea, cinco rupias era una gran recompensa.

El hombre estaba furioso con mi padre.

—¡Vas a echar a perder a ese muchacho! —le dijo—. Deberías darle una tunda en vez de darle cinco rupias. Ahora les cortará el *choti* a otras personas. Si recibe cinco rupias por *choti*, todos los brahmanes del pueblo están acabados, porque todos duermen fuera en la noche, y cuando uno está dormido no puede sostener el *choti* con la mano. ¿Qué haces? Esto sienta un precedente.

—Pero ese trato es mío —respondió mi padre—. Si tú quieres castigarlo, es asunto tuyo. Yo no me meteré. No lo estoy recompensando por su travesura, sino por decir la verdad... y toda mi vida seguiré recompensándolo por decir la verdad. En cuanto a lo que hizo, eres libre de hacer lo que quieras con él.

—Me metes en más problemas —dijo el hombre—. Si le hago algo al muchacho, ¿crees que las cosas pararán allí? Soy hombre de familia; tengo esposa, hijos, casa... mañana incendiará mi casa.

El hombre estaba furioso.

—En especial ahora es un problema —prosiguió—, porque mañana voy a realizar una ceremonia en la aldea vecina y la gente me verá sin mi *choti*...

—No hay por qué preocuparse —intervine—, te voy a devolver tu *choti*. También puedes darme alguna recompensa por devolvértelo; nada más no te quites el turbante en la otra aldea; incluso de noche tenlo puesto. Eso es todo. No es un gran problema, es sólo cuestión de una noche. ¿Y quién va a mirar tu *choti* en la noche? Todos estarán dormidos.

—No me des consejos —dijo él—. Me dan ganas de pegarte, pero eso sólo creará una cadena de acontecimientos.

—Ya ha sido creada —dije—. Has venido a quejarte; no me recompensas por ser absolutamente sincero y decir que no pude resistir la tentación. Y no he hecho daño a nadie; no ha ocurrido ninguna violencia... ni una gota de sangre cayó de tu *choti*. Ya con quejarte con mi padre has creado una cadena de reacciones.

—¡Mira...! —exclamó, dirigiéndose a mi padre.

—No es asunto mío —respondió éste.

—Eso es lo que enseña el brahmanismo —dije a mi padre—: la cadena de reacciones.

—Guarda tu filosofía para ti —dijo mi padre—. Y deja de ir a esas conferencias de los sadhus y los monjes y los mahatmas, porque cualquier cosa que recibas de ellas, de algún modo sacas esas extrañas conclusiones.

—Pero eso es lo que digo, y no es extraño —contesté—. Es exactamente lo que es la teoría del karma: cometes un acto, vendrá una reacción. Él ha cometido un acto de quejarse contra mí, ahora vendrá la reacción.

Y vino la reacción, porque me había dicho que iría a la otra aldea... Estaba muy enojado conmigo, pero cuando uno está enojado, está enojado... y él estaba por completo fuera de sus casillas. Así que estaba enojado con su esposa, con los niños... Yo lo observé todo, y de algún modo logró juntar sus cosas y partir en una carreta de caballos. Cuando se iba, le dije a su mujer:

—¿Entiendes adónde va? Se va para siempre, ¡y no lo sabes! Había venido a decírselo a mi padre, que se va para siempre y no volverá.

La mujer se echó a llorar y gritó:

—¡Deténganlo!

—¿Por qué me detienen? —dijo él—. ¡Tengo que tomar el tren!

—Hoy no —respondieron—. Tu esposa llora y se golpea el pecho... ¡se va a morir!

—Pero eso es extraño. ¿Por qué se golpea y por qué llora?

Pero la gente no lo dejaba ir; le arrebataba la bolsa y la maleta.

El hombre que conducía la carreta dijo:

—No voy a llevarte. Si ésta es la situación, que estás abandonando a tu mujer y a tus hijos, no voy a cometer ese acto.

—No los estoy dejando —dijo el brahmán—, volveré, pero no tengo tiempo para convencerlos. Perderé el tren... y la estación está a tres kilómetros.

Pero nadie le hacía caso y yo provocaba a la gente:

—¡Deténganlo, de otro modo su mujer y sus hijos... ustedes tendrán que ver por ellos! ¿Quién los va a alimentar?

Lo trajeron de vuelta con sus maletas y, por supuesto, estaba furioso y arrojó la bolsa a su mujer. Ella le preguntó:

—¿Qué te hemos hecho? ¿Por qué...?

Y yo estaba afuera, con la multitud.

—Nadie ha hecho nada —dijo él—. El muchacho me dijo que habría una reacción. La razón es que hace tres días, en el templo, yo enseñaba la filosofía de la acción y la reacción, y este muchacho estaba presente. Ahora me está enseñando.

Se volvió hacia mí y me dijo:

—Perdóname y jamás diré una sola palabra acerca de la acción y la reacción. Y puedes cortarle el *choti* a quien quieras, no me voy a quejar. Puedes cortarme la cabeza y no me quejaré... porque quiero detener esta cadena por completo. Ahora mi tren se ha ido.

Entonces todos preguntaron:

—¿Qué pasa? No entendemos. ¿Quién cortó tu *choti*?

—¡Mira! —le dije—. La cadena es imposible de cortar. Esas personas preguntan: ¿cuál *choti*? ¿Quién lo ha cortado? ¿Dónde está el *choti*?

Entonces dije:

—¡Miren dentro de su turbante, en su cabeza!

Y un hombre a quien se consideraba un púgil en el pueblo se acercó, le quitó el turbante y el *choti* cayó al suelo.

Mi padre también estaba allí y lo vio. Cuando regresábamos a casa me dijo:

—Te recompensaré, pero no te aproveches de nuestro trato.

—No me aprovecho. No es un trato entre tú y yo. Mi trato es que siempre te diré la verdad, y tú me recompensarás por ello.

Y se mantuvo consistente. Cualquier cosa que yo hiciese, aunque fuese incorrecta a sus ojos, continuamente me recompensaba. Pero es difícil encontrar un padre así: el padre tiene que imponer por la fuerza sus ideales sobre uno.

Mi padre fue condenado por todo el pueblo: «Estás echando a perder al muchacho».

Él decía: «Si ése es su destino echarse a perder, que así sea. No seré responsable por interferir en su destino; jamás podrá decir: 'Mi padre me echó a perder'. Y si es feliz echándose a perder, ¿qué de malo tiene? Donde sea, y pase lo que pase en su vida, no quiero interferir. Mi padre ha interferido en mi vida, y sé que yo hubiera sido una persona diferente si él no hubiera interferido. Y sé que él tiene razón, que todos los padres vuelven hipócritas a sus hijos, porque yo me he vuelto un hipócrita. Cuando quiero reír, estoy serio. Cuando quiero estar serio, tengo que reír. Por lo menos una persona ríe cuando quiere reír. Y que sea serio cuando quiera ser serio.

«Tengo once hijos —añadió— pero pensaré que tengo sólo diez».

Y siempre ha pensado que tuvo sólo diez. Nunca me contó entre sus hijos porque, dijo: «Le he dado total libertad de ser él mismo. ¿Por qué debería llevar cualquier imagen de mí?».

En una mejor sociedad (sería así)... y cuando digo mejor sociedad, quiero decir una sociedad que entienda la integridad de cada persona, que respete el ser incluso de un niño pequeño y no se imponga a él. Pero esa sociedad parece muy, muy lejana, porque todas las personas tienen intereses velados y no pueden detener sus viajes; tienen que usar y explotar a otros.

Alguien llega a presidente; uno nunca piensa que llegó a presidente a costa de uno, que algo en uno tuvo que morir para que ese hombre pudiera llegar a ser presidente del país. Si todos se mantuvieran únicos, originales, sería imposible que las personas que son presidentes y primeros ministros, que gobiernan el mundo entero y que llevan miles de años destruyendo el planeta y lo siguen haciendo, continuaran haciéndolo.

Con individuos habría sociedades del todo diferentes: habría comunas, no sociedades. No habría naciones, porque no son necesarias.

¿Qué necesidad hay de naciones? Toda la tierra es una. Sólo en los mapas se trazan líneas, y por esas líneas se combate, se mata y se asesina. Es un juego tan estúpido que, a menos que toda la humanidad esté loca, es imposible pensar cómo es que continúa.

¿Qué necesidad hay de naciones? ¿Qué necesidad hay de pasaportes, visas y fronteras? Toda la tierra nos pertenece: adonde quiera que vayamos, tenemos derecho de estar. El sol no es propiedad de nadie, la tierra no es propiedad de nadie, la luna no es propiedad de nadie; el viento, las nubes, la lluvia... nada es propiedad de nadie. ¿Por qué trazan esas líneas?

Se puede entender con facilidad. Pronto veremos líneas en la luna. Por ahora no las hay, pero pronto veremos una zona rusa, una zona estadounidense, una zona china. Nadie vive allí, nadie vivirá allí nunca. No parece haber posibilidad de que la vida crezca en la luna. La luna es un satélite muerto: no hay una gota de agua. Sí, se puede estar allí unas horas con máscaras de gas y cilindros de oxígeno y todo eso, pero no hay forma de que la gente pueda vivir allí. Pero ya han plantado sus banderas... No hay nadie que vea la bandera, nadie que la salude... ¡ni siquiera un pájaro que a veces se cague en ella! Lo primero que los estadounidenses hicieron fue poner una asta e izar una bandera. ¡Qué idiota! ¿Y para quién? Pero otros seguirán. Irán a Marte, irán a otros planetas, y harán lo mismo en todas partes.

No hay necesidad de naciones... excepto que los políticos las necesitan porque sin ellas no habría política; excepto que los generales las necesitan porque sin ellas no habría guerras; excepto que las fábricas que producen armas dejarían de producir. ¿Qué ocurriría a las plantas de armas nucleares y a toda la energía involucrada en ellas? Porque si no hay naciones no hay necesidad de crear armas nucleares. ¿Para quién?

La solución más sencilla para salvar a la humanidad es quitar todas las líneas del mapa... y sólo del mapa: en la tierra no hay líneas. Con solo quitar todas las líneas del mapa no tendremos la Tercera Guerra Mundial y no necesitaremos tantos ejércitos en todo el mundo.

Millones de personas no hacen otra cosa que virar a la izquierda, virar a la derecha... si alguien observara desde lo alto, quedaría sorprendido. ¿Por qué la gente se la pasa virando a la derecha y luego a la izquierda, luego virando en redondo, luego de frente, luego de regreso, dispersándose... todos los días, millones de personas en todo el mundo? Sin duda pensaría que algo anda mal: algún tornillo, alguna tuerca que hay que enderezar.

Esas naciones sólo pueden existir si nuestra personalidad es falsa. Esas iglesias y religiones sólo existen si no tenemos nuestro rostro original, porque una persona que tiene su rostro original... ¿qué asunto tiene que necesite acudir al papa? ¿Para qué? No hay razón por la que deba acudir con algún maestro religioso o a cualquier templo o sinagoga. ¿Y por qué tendría que convertirse en musulmán, cristiano o hindú? ¿Por qué?

Con tu rostro original te sientes tan contento, tan inmensamente satisfecho y cómodo, que no queda ninguna búsqueda; lo has encontrado.

Pero esas personas no permitirán que lo encuentres. Te distraerán, por la sencilla razón de que tienen ciertos viajes, tienen ciertas ideas propias, y tienen que sacrificarte por sus ideas. Los políticos te sacrificarán a su política. Las religiones te sacrificarán a su tipo de política. Nadie está interesado en el niño, y la razón es clara: hay que moldear al niño según cierto patrón que encaje en una sociedad, en una nación, en una ideología particular.

En Rusia al niño tenían que enseñarle comunismo desde el principio. Tenía que conocer los nombres de Karl Marx, Friedrich Engels, Lenin; eran sus dioses. En los países no comunistas es lo mismo; sólo los nombres difieren. Todos son sacrificados a alguna estúpida ideología, teología, política, religión. Por eso la gente es desviada.

Pero el niño lo permite por la sencilla razón de que no sabe en quién se va a convertir. Naturalmente, depende de sus padres, de sus mayores: esos que saben más. Y no está al tanto de que ellos no saben más; están en el mismo barco, tan ignorantes como el niño. La única diferencia es que el niño, además, es inocente. Ellos son astutos pero ignorantes, y a causa de su astucia siguen ocultando su ignorancia bajo conocimiento prestado.

Mi abuelo solía llevarme con cualquier mahatma, cualquier santón, y me decía: «Si no vienes entonces yo no voy, porque entonces es muy aburrido. Tú lo haces cobrar vida». Y yo sencillamente planteaba preguntas muy simples. ¿Qué puede hacer un niño?

Un monje hindú, Swami Vidyananda, iba al pueblo cada temporada de lluvias. Durante cuatro meses daba conferencias allí; era un maestro reconocido. El primer día que fui con mi abuelo, sólo estuve allí parado, y a causa de mi abuelo, nadie podía echarme ni decirme que me sentara. Todos lo conocían; sabían que en ese aspecto era un hombre peligroso. «Siéntate, muchacho, tú no entiendes estas cosas grandiosas —me decía— pero yo no las entiendo tampoco, y tengo setenta años. Así que guarda silencio, ¡tú entiendes!». Y añadía: «Pregunta».

Estaba claro que no podían echarme, no podían detenerme, así que simplemente pregunté a Vidyananda:

—Hay algo que quiero saber sobre lo que dices: ¿lo tomaste de alguien o lo has experimentado? Recuerda que estás sentado en el templo de Dios.

Era Rama Mandir, el mejor lugar de la población, el templo más precioso, con un muy hermoso salón de mármol, así que los mejores discursos se organizaban allí.

—Mira la estatua de Rama —le dije— y recuerda que estás en un lugar sagrado, y recuerda tu túnica; eres un monje. No deshonres tu atuendo ni a tu Dios; sólo di la verdad: lo que dices, ¿lo has experimentado? ¿Conoces a Dios? ¿Has visto a Dios del mismo modo que me ves a mí? ¿Has hablado con Dios, así como hablas conmigo? ¿O sólo lo has aprendido en los libros?

Hubo un gran silencio. El hombre titubeó.

—Tu vacilación lo dice todo —dije—. Mejor di la verdad porque, si has visto a Dios, ¿por qué vacilar? Tienes un poco de miedo; puedo ver sudor en tu frente, y está fresco aquí dentro.

—Nunca pensé en ello —dijo el hombre—. Pero siendo un sanniasin y estando en el templo de Dios, no puedo faltar a la verdad. No tengo la experiencia. Digo lo que he escuchado, leído y estudiado.

Entonces le dije:

—¡Sal de aquí! Sal de inmediato de este lugar. Luego encuentra a alguien que lo haya sabido por sí mismo y tráelo aquí. Estás arrojando basura prestada a la cabeza de esta pobre gente, y dándoles la idea de que ellos también saben... porque yo conozco a estos tontos, todos son de mi pueblo, y hablan como si supieran.

Y a la gente le dije:

—¡Escuchen a su gurú!

Era casi el gurú de toda la ciudad, porque durante años —tendría unos sesenta en ese tiempo— había visitado la ciudad cuatro meses al año. Pero ésa fue la última vez. Desde entonces no he vuelto a escuchar de él en esa ciudad.

Cuando yo viajaba por India preguntaba qué le había ocurrido a Vidyananda, si había muerto o aún vivía; ¿qué había ocurrido? Por fin lo encontré en un lugar donde nunca hubiera esperado, cerca de Madrás, en Adyar. Adyar es la sede del movimiento teosófico. Yo había ido a dar unas charlas en Madrás, y mi anfitrión quiso ir a ver Adyar. Es un lugar hermoso, y los teósofos habían hecho una labor en verdad buena allí. Habían creado un bello lugar, pero ahora está desierto, nadie va allá. Habían construido bellas casas, cabañas, un gran jardín... toda una colonia.

Adyar tiene la que es quizá la mayor higuera sagrada (árbol Bodhi). Cuando el movimiento teosófico estaba vivo, solían tener sus convenciones debajo de este árbol; miles de personas pueden sentarse bajo su sombra. Y Adyar tiene la que es quizá una de las más valiosas bibliotecas del mundo; los teósofos habían coleccionado manuscritos de China, Tíbet, Ladakh, Mongolia, Corea —lugares extraños, lenguas extrañas— y tienen una gran biblioteca subterránea de antiguos manuscritos.

En esa biblioteca encontré a ese hombre; trabajaba de bibliotecario, pero ya no era monje.

—¿Qué sucedió? —le pregunté.

—Ese día cambiaste toda mi vida —respondió—. Después de aquello ya no pude hablar con la misma autoridad que antes; perdí el valor. Lo intenté, pero cada vez surgía en mí la cuestión de que yo no sé, entonces ¿por qué estoy diciéndole a esta gente? Tal vez no es correcto, tal vez sí... ¿quién sabe? Estoy cometiendo un pecado, porque esta gente empezará a pensar que sabe. Ese día en tu ciudad...

No había sido capaz de reconocerme. Tuve que recordarle porque la última vez que me vio era yo un niño. Yo pude reconocerlo, aunque para entonces tenía casi noventa años, pero de sesenta a noventa años no hay mucho cambio. Sí, uno envejece, pero no hay cambio esencial. Era más viejo, frágil, pero en cierta forma más joven, más vivo.

—Eres treinta años mayor ahora —le dije—, pero puedo ver que eres más joven, más vivo.

—Sí, porque he dejado esa vida de falsedad. Ahora soy simplemente lo que soy. No sé... estoy explorando, pero no sé si será posible saber en esta vida porque mucho se ha perdido.

—No seas pesimista —le dije—. Puede ocurrir cualquier día... puede ocurrir hoy. Si no ocurre significa que todavía en alguna parte sigues llevando lo prestado. ¿Puedo hacerte ahora, treinta años después, otra pregunta?

—Me siento obligado porque aquella primera pregunta me hizo un gran servicio. Perdí la calidad de monje, de mahatma, mis seguidores... todo.

—¿Por qué empezaste a trabajar de bibliotecario? Porque ésta vuelve a ser la misma ocupación. Ahora buscas en manuscritos antiguos encontrados en el Tíbet, en Ladakh, en Nepal. Aún no buscas en ti mismo. Primero buscabas la verdad en libros impresos, ahora en viejos manuscritos, pensando que esas personas debieron de haber sabido. Pero estás haciendo la misma tontería. La imprenta no sabe. Sigue imprimiendo biblia tras biblia —millones de biblias— y sigue siendo una imprenta; ni siquiera se convierte en cristiana. ¿Crees que podrías encontrar en los manuscritos? Esas personas sólo trabajaban de escribas. Simplemente copiaban y les pagaban por hacerlo. No es que supieran; eran copistas, y aplicaban un método primitivo de impresión. En aquellos días no era posible imprimir, así que la gente escribía copiando de un manuscrito a otro, y de allí a otro, y los vendía. ¿Crees que esa gente sabía?

—Una vez más, tienes razón —dijo—. Llevo veinte años en esta biblioteca subterránea, consultando toda clase de métodos extraños, ideologías —muy impresionantes, muy lógicos—, pero sin duda estoy haciendo lo mismo; estoy buscando. Ahora no me encontrarás en ningún lado.

Dejó el empleo ese mismo día. Se fue cuando todavía estaba yo en Adyar. Cuando regresó, después de caminar por allí... Es un lugar grande y alguna vez fue una comuna floreciente; cuando Anne Besant vivía, miles de personas vivían allí. Cuando regresé a la oficina principal y pregunté por Vidyananda me dijeron: «Se ha ido. ¿Qué le dijiste? Porque después de que te reuniste con él en la librería vino a la oficina y dijo: 'Me voy para siempre. He acabado con los libros. Aunque soy muy viejo... Pero quizá basten unos días, o por lo menos antes de morir empezaré como debe ser. Tal vez en mi próxima vida pueda completar mi exploración, pero al menos debo empezar'».

Nadie pregunta: «¿Qué sabes tú?, ¿cuál es tu conocimiento?». Si no es tu conocimiento, hazlo a un lado, no tiene valor. «¿Qué estás haciendo, es tu aspiración? ¿En verdad sientes una campana tañendo en tu corazón?». Si no es así, no pierdas un momento más.

La gente sigue haciendo cosas que otras personas la forzaron a hacer... y continuarán forzándola. Es muy improbable que los padres dejen de obligar a sus hijos a ser imágenes exactas de su propia idea, que los maestros dejen de forzarlos a aprender lo que ellos *saben*, como si en verdad supieran. Seguirán fingiendo que saben.

El director de mi preparatoria era matemático. Yo no estudiaba matemáticas, pero solía ir a su oficina cuando lo veía solo y hablábamos de altas matemáticas, porque ahora las viejas matemáticas ya no son aplicables a la física, la biología, la química, la bioquímica. Éstas van más allá. Y un día me dijo:

—¿Por qué no vienes a mis clases?

—No tengo problema —le dije—. No soy estudiante de matemáticas, pero cuando esté libre y tengas clase me encantaría ir si me lo permites. Pero no te molestes conmigo porque no estaré muerto allí, sino vivo.

—¿A qué te refieres con estar «vivo»?

—Exactamente a eso: estar vivo. Dame una oportunidad y verás.

Siempre estuve interesado en muchas cosas, tratando de encontrar si en realidad estaban basadas en el conocimiento o sólo eran hipotéticas, porque si eran hipotéticas entonces no eran ciertas en verdad; eran sólo pragmáticas, útiles, convenientes. Por ejemplo, la geometría euclidiana: ésa era la lección que él impartía el día que me permitió entrar por primera vez. Ahora bien, hasta un niño puede ver que las definiciones de Euclides son incorrectas. Dice Euclides: «Una línea tiene largo pero no ancho». Ahora, si no tiene ancho, ¿cómo puede ser una línea? Es tan simple, uno no necesita ser matemático; yo no soy matemático, y tampoco lo era en ese tiempo. Y le pregunté:

—Es una tontería lo que dices, que tiene largo, pero no ancho: claro que tiene ancho. Traza una línea en el pizarrón que no tenga ancho, sólo largo, y aceptaré tu hipótesis.

—Ahora veo a qué te referías con estar vivo. He hecho matemáticas de posgrado y nunca se me ocurrió esa pregunta. Euclides lo dice; cada escuela, cada universidad lo enseña, así que nunca pensé... pero tal vez tengas razón.

—Es mensurable —dije—. Trazas una línea con el gis en el pizarrón, y aun así dices que no tiene ancho. Y el punto, dice Euclides, «no tiene largo ni ancho». ¿Cómo puede ser? Puede que su longitud sea muy, muy pequeña, y su ancho también, pero no significa que no los tenga. Sólo se necesita una lupa. Espera e iré al laboratorio de química a traer una para mostrarte.

—No hay necesidad de que vayas... entiendo. Pero entonces, ¿qué voy a enseñar? Euclides está acabado, porque esas son definiciones básicas.

—Son hipótesis —dije—. Sólo algo que uno tiene que aceptar, que esas hipótesis son prácticas, pero no verdaderas.

Así pues, tienes que averiguar, acerca de cualquier cosa que sepas, si es sólo hipotética, útil en la vida, o una verdad que sabes, que has sentido, que has experimentado. Si es sólo una hipótesis, hazla a un lado y sentirás que te quitas un gran peso de encima. Todas las hipótesis, todo el conocimiento prestado que se ha reunido y que has venido llevando a cuestas... vienes arrastrando una carga montañosa, estás aplastado por ella... sólo hazla a un lado.

Sé ignorante; acepta: «Soy ignorante». Y desde ese punto puedes comenzar tu exploración.

Todo niño recibe una carga. Espero que algún día no sea así. De hecho, no hay necesidad, porque cuando se enseñe a Euclides se puede decir con sencillez que no es la verdad, que es sólo una hipótesis. Con esta hipótesis se facilita entender el triángulo, el círculo y todo. Pero hay que recordar que en la base está una hipótesis, y que todo el palacio es hipotético.

De manera similar, tu Dios es una hipótesis y toda la pirámide de la teología está basada en nada que no sea esa hipótesis. Si comenzamos a mirar dentro de las cosas no se requiere gran inteligencia, sólo se necesita simple inocencia para ver.

El director me llamó a su oficina y me dijo: «No volverás a mis clases porque ahora me será difícil tratar con los alumnos. Me han visto como un ignorante. Hasta ahora fui una autoridad... tú lo has destruido».

Pero en cierta forma era un hombre sincero. Me dijo: «Puedo entenderte, pero no le hagas eso a ningún otro maestro porque podrían no entenderte. Y ahora sé por qué hay tantas quejas contra ti, de que eres una perturbación. Pero eso no fue una perturbación. Me abriste los ojos, y nunca volveré a ser el mismo. Pero lo que me desconcierta es que nunca pensé en ello, simplemente lo acepté».

Ésa es la cuestión que quiero que ustedes noten. Hasta ahora han aceptado todo: lo que les han dicho, lo han aceptado. Tienen que empezar a cuestionar, a dudar. No tengan miedo de las autoridades: no hay autoridad. Sea Krishna o Cristo, Mahoma o Mahavira: nadie es autoridad. Y si son autoridad, lo son para ellos mismos, no para ustedes.

Tú serás autoridad sólo para ti mismo si algún día llegas a saber la verdad de tu rostro original. Entonces tampoco serás autoridad para nadie más. Nadie puede ser autoridad para nadie más. La idea de autoridad tiene que desaparecer del planeta.

Sí, la gente puede compartir su experiencia, pero eso no es autoridad.

Yo no quiero imponerles nada: ni una sola palabra, ni un solo concepto. Todo mi esfuerzo se dirige de algún modo a ponerlos en alerta y hacerlos conscientes de todas las autoridades. Y en el momento en que vean alguna autoridad acechando en torno de su ser, arrójenla.

Terminen con todo lo que les han dado, lo que les han impuesto, y el rostro original comenzará a mostrarse. Nunca sabrán, no pueden siquiera imaginar cuál será su rostro original, su verdadero ser. Sólo lo sabrán cuando lo sepan, cuando estén cara a cara consigo mismos, cuando no haya obstáculos de ningún tipo y ustedes estén solos por completo.

En ese aislamiento han florecido todos los seres que los han hecho.

No muchos han florecido. Sólo de cuando en cuando... Es una extraña tragedia que millones de personas nazcan y sólo de cuando en cuando una persona florezca. Por eso digo que no hay jardinero, ningún Dios que esté por ahí observando, cuidando; de otro modo, ¿cómo podría ser que hubiera millones de árboles y sólo uno llegara a florecer? La primavera llega y se va y sólo un árbol florece; ¿millones simplemente permanecen estériles, improductivos? ¿Qué clase de jardinero cuida del jardín?

Hay prueba suficiente de que no hay jardinero, ningún Dios; pero eso no significa que uno tenga que ser pesimista. De hecho, eso te da una nueva dimensión: que tienes que ser tu propio jardinero. Es bueno que no haya Dios, porque puedes ser tu propio jardinero. Pero entonces toda la responsabilidad es tuya, no puedes culpar a nadie.

Estoy quitando a Dios, así que no puedes culpar al pobre viejo. Bastante ha sido culpado por todo: creó el mundo, creó esto, creó aquello... Le quito toda la culpa: no existe.

Ustedes lo han creado sólo para arrojarle la responsabilidad. Recobren su responsabilidad.

Acepten su aislamiento.

Acepten su ignorancia.

Acepten su responsabilidad, y entonces verán ocurrir el milagro.

Un día de pronto se verán a sí mismos bajo una luz del todo diferente, como nunca se habían visto. Ese día nacerán de verdad. Antes de ese día era sólo un proceso prenatal.

Hay razones por las que se ha desviado a las personas de su originalidad. Primera, no saben cuál es su originalidad. Segunda, hay gente que tiene prisa por imponerles alguna idea propia, porque una vez que la impone, quedan psicológicamente esclavizadas. Un cristiano no puede hallar la verdad, ni un hindú, porque el cristianismo y el hinduismo son prisiones. Alguien lleva la carga del Corán y alguien más lleva la carga de la Torá.

Así pues, no es cuestión de lo que haya que arrojar, sea lo que sea... Por eso conmigo un judío, un cristiano, un hindú, un musulmán, un jaina, un budista, un parsi, un sij... cualquiera puede encontrar algo que transpira en él, porque lo que digo es aplicable a todos. Que tu carga sea la Biblia o el Corán no implica diferencia. No estoy interesado en que arrojes la Biblia. Estoy interesado en que arrojes cualquier basura que lleves. Y la llamo basura porque otros te la han dado; no es tuya.

Recuerda: sólo lo que tú experimentas es tuyo.

Lo que tú sabes... sólo lo que sabes.

Que sea muy pequeño, no te preocupes; las semillas son muy pequeñas, pero una semilla tiene potencial. No es una cosa, es un ser que está listo a abrirse... sólo necesita la oportunidad.

Y ésa es para mí la función del maestro: crear la oportunidad; no dar conocimiento, no dar disciplina, no dar una doctrina o un dogma, sino crear una oportunidad en la que todas esas cosas desaparezcan poco a poco. Ellas no se aferran a ti, tú te agarras con fuerza a ellas.

Así que cuando digo que desaparecen, quiero decir que abres el puño poco a poco. Desde luego tardas, porque durante mucho tiempo has pensado que sujetas algo precioso. Y aun si me entiendes, una y otra vez te llega la idea de que si lo sueltas puedes perder algo precioso. Pero no hay nada precioso ahí.

Recuerda un criterio: lo precioso es sólo aquello que sabes, y no hay forma de perder lo que sabes. Todo lo que se puede perder, y a lo que tienes que aferrarte, no puede ser precioso porque se puede perder. Eso muestra que no es tu experiencia.

Así pues, tenemos que aceptar que la sociedad continuará en la forma en que ha continuado, pero podemos encontrar personas inteligentes y sacarlas de la sociedad.

A eso me refiero como sannias.

La gente no puede entenderlo porque cree que trato de crear cierta religión dándoles a ustedes cierto vestido, cierta identidad. No, yo no creo ninguna religión. Es una religión absolutamente sin religión. Este vestido que les doy es simplemente para que empiecen a tomar distancia de la multitud, de modo que la multitud los eche y no les permita entrar. De otro modo les gustaría estar dentro. ¿Quién quiere estar fuera de la multitud? Dentro es tan acogedor, tan cálido. Les doy este vestido simplemente como una estrategia, un artilugio para que la gente los evite; adonde vayan, la gente se alejará. Es la única forma de salvarlos; no pueden mezclarse con la multitud. De otro modo habría sido más fácil para mí, y más fácil para mis sanniasins si no les diera un aspecto diferente al de otras personas. Muchas más personas habrían venido aquí con más facilidad. Pero no estoy interesado en muchas más personas. No soy un político, no soy un papa; ¿qué tengo que ver con *muchas* personas?

Sólo estoy interesado en esos pocos escogidos: inteligentes, valerosos, capaces de salir al frío y dejar la comodidad de la multitud y de la masa. Sólo al principio se siente frío; pronto tu cuerpo tiene su propio sistema para crear calor. Tu ser pronto empieza a crear su propio aroma.

Así pues, tenemos que continuar sacando personas de la multitud, y destruyendo cualquier cosa que la multitud les haya dado... porque cuando sacamos a alguien de la multitud esa persona trae la multitud en su mente. Se puede sacar a la persona con facilidad —no es difícil—, pero la persona trae a la multitud.

Entonces la segunda parte de la tarea es más difícil: sacar a la multitud de su mente.

Hay que hacer ambas cosas: sacar a la persona de la multitud, y luego sacar a la multitud de la persona, de modo que quede sola.

Y para mí no hay nada más grande que quedar solo por completo, en su ser puro y esencial.

- **Toda mi vida he intentado cambiarme a mí mismo, pero parece que nada cambia nunca; sigo igual. ¿No hay esperanza para mí?**

En primer lugar, ¿por qué quieres cambiar?

Eres hermoso como eres; ¿por qué no puedes aceptarte? Y el milagro es: cuando te aceptas, el cambio ocurre. No puede ocurrir por tu esfuerzo, porque ¿quién te cambiará? ¿La misma mente que trata de cambiarse? ¿La mente violenta tratando de ser no violenta? ¿Cómo va a ocurrir? Aun al ser no violenta persistirá la violencia.

¿La mente enojada intenta no enojarse? Puedes lograrlo, puedes cultivar una dureza a tu alrededor. Puedes reprimir el enojo, pero es la misma mente... la ira está allí. Estás sentado encima de ella; estás sentado en un volcán. ¿La mente tonta intenta ser inteligente? En el mismo esfuerzo, la tontería puede arraigarse más...

Entonces, ¿cuál es la salida? La salida es la aceptación: la aceptación es la llave mágica. ¡Acéptate como eres! Y en esa aceptación surge la inteligencia. En esa aceptación, ¿por qué surge la inteligencia? Porque siempre que aceptas, ya no estás dividido; la división desaparece. La división es entre ti y el deberías, entre tú y el debes.

Allí es donde radica todo el secreto de la esquizofrenia: «Soy esto y tengo que ser aquello».

Ahora sólo hay dos cosas: o volverte loco por convertirte en *aquello*... y será como un perro intentando atrapar su cola, o como tirar de ti con las cuerdas de tus zapatos. Puedes brincar un poco, saltar un poco, pero no lograrás mucho. Eso es lo que la gente que se dice religiosa se pasa haciendo: brincar, tratar de levantarse tirando de las cuerdas de sus zapatos. Por un momento está un poco arriba del suelo, pero cae de nuevo, y de golpe.

Ése no es el camino. La división se hará más profunda. Mientras más lo intentes, más fallarás, y mientras más falles, más perderás la confianza en ti mismo, tu respeto por ti mismo: en las drogas, en el alcohol, en esto y aquello, en la política del poder, en el dinero, en el mercado. Las personas han inventado mil y una formas de escapar de sí mismas. Y han tenido que inventarlas porque han creado una fea idea de sí mismas. Decirles: «¡Conócete a ti mismo!», es asustarlas. No quieren conocerse.

Así pues, personas como Sócrates siguen diciendo «Conócete»; nadie oye, nadie escucha. Nadie quiere conocerse a sí mismo, porque ya ha concluido que es un ser nauseabundo, que está enfermo, que es feo, anormal, que tiene dentro toda clase de pus y heridas. ¿Quién quiere ir allí? Es mejor no mirar esas heridas; hay que olvidarlas.

Y si tratas de cambiar, ¿qué harás? Podarás esta rama, esta otra. Y el problema está en las raíces, no en las ramas. Si podas un árbol, el árbol engrosa más. Tendrá mejor follaje; crecerán más hojas, porque el árbol aceptará el reto. ¿Quieres destruir el árbol? Corta una hoja: brotarán tres; ésa es la respuesta del árbol. Corta una rama: tres ramas la remplazarán. El árbol no puede ser derrotado con facilidad. Tiene que sobrevivir. Y puedes seguir cortando hojas y ramas; nada ocurrirá. Muy en el fondo seguirás siendo el mismo, porque las raíces están intactas.

El japonés era cliente de este restaurante griego desde hacía largo tiempo porque había descubierto que preparaban un arroz frito de sabor especial. Cada tarde llegaba y ordenaba arroz.

Esto siempre hacía que el dueño del restaurante casi rodara en el suelo de la risa. A veces llamaba a dos o tres amigos que se acercaran sólo para oír al japonés ordenar su «Aloz flito».

Con el tiempo el parroquiano se sintió tan herido en su orgullo que tomó clases de dicción para poder decir «Arroz frito» correctamente.

La próxima vez que fue al restaurante dijo con aplomo:

—Arroz frito.

Sin dar crédito a sus oídos, el dueño del restaurante preguntó:

—¿Quiere repetir eso, señor?

—¡Ya lo oyó! —dijo el japonés—. ¡Arroz frito, gliego blibón!

Ésa no es la forma de cambiar. Puede cambiar una letra del alfabeto, pero muy dentro sigue siendo japonés. Se mostrará de alguna otra forma. O enloquece o se volverá un hipócrita. La sociedad, la insana sociedad, sólo deja dos alternativas: o enloquecer tratando de mejorar, de pulirse, de levantarse tirando de las cuerdas de los zapatos; o, si se es un poco más inteligente, ser un hipócrita. Fingir y decir una cosa, y hacer la opuesta; tener una puerta trasera a la vida. En la puerta delantera se tiene una hermosa fachada —pintada con el *debe*, el ideal— y se vive desde la trasera.

Pero eso también crea una división; nunca se puede estar en calma. Se miente constantemente, y uno será atrapado una y otra vez. ¿Cuánto tiempo se puede fingir? Y no puede salirse con la suya en sus simulaciones porque sus vecinos también fingen, así que todos saben lo que hacen los demás. Saben que tienen puertas traseras, así que uno debe de tenerla también.

Por eso cuando escuchan algo malo de otra persona de inmediato lo creen, no piden pruebas. Siempre que escuchan algo bueno de alguien, piden pruebas. Si alguien dice: «Ese santo es un fraude; no es un santo en verdad. De hecho, es un asesino, un corruptor, ambicioso, violento», ¡de inmediato lo creen! Y si alguien dice: «Ese hombre es en verdad un santo», tienen sospechas. Dicen: «Ya veremos. Hay que examinarlo, hay que investigar».

Ustedes conocen a la gente, saben cómo es, ¿cómo pueden creer con facilidad que la gente puede ser buena? Saben que su propia bondad es falsa; eso les da la idea de que también la bondad de los demás debe de ser falsa. Toda la sociedad está formada por hipócritas.

Por favor deja de mejorarte, deja de cambiarte. ¿Cómo vas a cambiar, y para qué? ¿Y quién va a decidir lo que debes ser? Si permites que alguien más decida lo que debes ser, será una imposición desde fuera. El sacerdote, el político, tratan de imponerte ciertos ideales. Y por esos ideales no puedes ser natural, no puedes ser sencillo; tienes que llevar cargas sobre tus hombros. Y siempre eres innatural, arbitrario, artificial. ¡No puedes imitar a nadie más!

Un libro famoso de Tomás de Kempis es *Imitación de Cristo*, pero yo nunca me he topado con un título más falso y más feo. ¿*Imitación de Cristo*? Y es un libro muy respetado, uno de los tratados cristianos más respetados. Pero toda la idea es equivocada. Si imitas a Cristo, serás sólo un imitador, nunca serás un Cristo. Y ser un imitador es ser un hipócrita. ¿Cómo puedes imitar a Cristo? Él era un hombre del todo diferente; nunca imitó a nadie. Si hubiera imitado habría sido amado y respetado por los judíos; si hubiera imitado a Moisés o a Abraham, no habría sido crucificado. ¡Nunca imitó a nadie! Simplemente se afirmó como era; se respetó como Dios lo había creado, sin ninguna imitación. Era un hombre original, no una copia al carbón.

Ahora bien, Tomás de Kempis será una copia al carbón; si logra su propósito, será también una copia al carbón, y una copia al carbón es fea. Sé el original. Cuando puedes ser el original, ¿por qué debes ser la copia al carbón? No imites a Buda, no imites a Jesús, ¡nunca imites a nadie! Aprende de todas partes, pero nunca imites. Sólo sé tú mismo. Sólo tienes que ser tú mismo. Y no hay forma de conocer quién eres de antemano. ¿Cómo vas a decidir quién eres, a menos que vayas y veas quién eres?

Así pues, lo primero no es el esfuerzo por cambiar: lo primero es el esfuerzo por conocer tu propio ser. ¿Quién reside en ti? Mira a ese invitado que ha llegado a ti. Tu cuerpo es un anfitrión... algún extraño reside en el cuerpo, un extraño llegado de lejos ha descendido sobre el cuerpo. ¡Ése eres tú! Mira, observa, medita, hazte consciente de ello. Abandona todos los esfuerzos por cambiarte. Pon toda tu energía en conocerte, y de ese conocimiento llega el crecimiento. Y ese crecimiento traerá tu rostro original. Tienes que ser tú mismo. Tienes que ser lo que ya eres.

- **Estoy consciente de mi necesidad de aprobación y aceptación por parte de otros. No quiero ser impulsado por esa necesidad. ¿Cómo se resuelve?**

Uno tiene que ver lo tonto que es eso. No es cuestión de resolverlo. Uno tiene que ver lo ridículo que eso es, y entonces cae. No es para resolver; las enfermedades no se resuelven, se van. Sólo trata de ver lo tonto que es.

Te contaré unas cuantas anécdotas.

Una mujer que acababa de llegar a una espaciosa mansión conoció a otra mujer que, según sabía, vivía en una cabaña en el extremo de su propiedad.

—Bienvenida a nuestra comunidad —saludó la mujer de la cabaña.

La recién llegada respondió con arrogancia:

—Por favor no te dirijas a mí. Nunca hablo con un inferior.

—Oh —respondió la otra con dulzura—, ¿y dónde en el mundo te has encontrado con alguno?

Todas las personas son egoístas. Es difícil ver que estamos en el mismo barco. Tú puedes ver a los demás en el mismo barco. Sólo mira: todos los que están en ignorancia profunda siguen siendo egoístas, siguen pensando en términos del ego. Nadie está en el mundo para complacer a tu ego; todos tratan de complacer al suyo. ¿Quién tiene tiempo de complacer a tu ego? Y si a veces alguien lo complace, debe de estarlo haciendo como un medio de complacer al suyo.

Básicamente, todo el mundo está interesado en sí mismo. Así como tú estás interesado en ti mismo, otros están interesados en sí mismos. Sólo date cuenta de esto.

Todo el mundo trata de competir, y en esta competencia, en esta carrera egoísta y ambiciosa, uno destruye todo lo que es hermoso. Uno destruye una hermosa vida que pudo haber florecido y que pudo convertirse en un pináculo de existencia, como la de Buda, la de Jesús, la de Krishna. Pero todo el mundo pide a otros, suplica: ¡apruébame! Di algo que me dé una grata sensación acerca de mí mismo. Por eso la adulación funciona. Por eso cualquiera puede engañarte con sólo elogiarte.

Y la gente sigue haciendo cosas que nunca quiso hacer, pero las hace porque es la única forma en que puede obtener aprobación de otros. Todos se distraen de su destino porque otros están mirando, y tienen una idea fija de cómo aprobar al otro.

Esto ocurrió:

> La recién casada había vuelto a su pequeña aldea después de escapar para casarse.
>
> —Supongo que mi desaparición tuvo asombrada a la gente por aquí durante nueve días —le comentó al único policía del pueblo.
>
> —Así debió ser —contestó él—, sólo que el perro de los Smith enloqueció esa misma noche.

La gente pierde su tiempo, su vida y su energía. ¡No hace falta! De hecho, como eres, eres perfecto. Nada hay que añadirte. Dios nunca crea a nadie imperfecto. ¿Cómo puede crear a alguien imperfecto?

Has escuchado a las personas religiosas enseñarte que Dios creó el mundo. Te enseñan que fuiste creado a imagen y semejanza de Dios. Y aun así te dicen: «¡Vuélvete perfecto!». ¿Dios te creó a su imagen y semejanza, y aun así necesitas perfección? Entonces Dios debe de ser imperfecto. ¿Cómo la imperfección puede venir de Dios? La creación lleva su firma. ¡También tú puedes llevar su firma y dejar de suplicar! Alguien pide dinero, alguien pide pan, alguien pide aprobación. Todos son pedigüeños.

No pidas. Al pedir perderás mucho de lo que ya está a tu alcance. Mira en vez de pedir. Mira dentro de ti y el emperador de emperadores está allí. ¡Comienza a disfrutarlo, comienza a vivirlo!

Esto ocurrió:

> El famoso atleta universitario acababa de regresar de los Olímpicos con el pecho lleno de medallas cuando cayó enfermo. En

el hospital el médico le tomó la temperatura, meneó la cabeza con expresión dudosa y dijo:

—¡Tienes 40.5 grados de temperatura!

—¡Ah!, ¿sí? —preguntó el atleta débilmente. Y entonces, de pronto interesado, preguntó—: Oiga, doctor, ¿cuál es el récord mundial?

¡Dejemos estas tonterías! Ya fuiste aprobado, de otro modo no podrías estar aquí. Dios te ha aceptado, te dio el nacimiento. Si Van Gogh pinta, cualquier pintura que cree está ya aprobada; de otro modo no la habría creado. Si Picasso pinta algo, en el mero hecho de pintar está la aprobación. El pintor ha puesto el corazón en ello. Sólo ve más a fondo en tu ser: Dios ha puesto allí todos los tesoros que necesitas. Te ha aprobado, te ha aceptado. ¡Está feliz de que seas!

Pero no mires allí. Estás pidiendo a otros como un pordiosero, y ellos son pordioseros como tú. Pordioseros pidiendo a pordioseros. Aun si te aprueban un poco, esperarán que tú los apruebes. Va a ser una negociación. Y piensa en ello: no tienen nada que darte cuando ellos mismos están pidiendo, ¿y qué puedes darles cuando tú también estás pidiendo? Sólo un poco de mente alerta y uno deja de suplicar. Y con ello se va la ambición, se va el ego. Uno comienza a vivir.

Baila mientras estás vivo.

Respira dichoso mientras estás vivo. Canta mientras estás vivo. Ama, medita mientras estás vivo. Y una vez que cambias, que desplazas tu consciencia, el enfoque de tu consciencia, del exterior al interior, te sientes tremendamente feliz y bendecido. El simple hecho de sentir «yo existo» es tal bendición que nada más se necesita. «¡Existo!». Todas las danzas, todos los cantos, todas las bendiciones están incluidos en ella. «¡Existo!». Dios está incluido en ella.

No conviertas a tu Dios en pordiosero. ¡Sé un Dios! Reconoce tu divinidad y entonces no habrá nada que lograr. Uno sólo tiene que empezar, uno tiene que comenzar a vivir. Vive como un dios: ése es mi mensaje. No digo que te conviertas en un dios: digo que lo eres, ¡comienza a vivir! Lo eres, ¡reconócelo! Lo eres, ¡recuérdalo! Lo eres: sólo tenlo en mente.

No hay nada que lograr. La vida no es un logro, es un regalo. Ya ha sido dada. ¿qué estás esperando? La puerta está abierta, y el anfitrión ya te ha invitado. ¡Entra!

- **Siempre que en la vida he tenido una racha de sentirme desdichado, llega un momento en que río de mí mismo, siento que regresa la libertad y veo que todo lo que había hecho era dejar de amarme. Esa percepción en sí misma no es particularmente profunda, pero en el momento en que la tengo, siempre me asombra ver con qué facilidad, por qué y por cuánto tiempo estoy dispuesto a olvidar el amor a mí mismo. ¿Está esto en la raíz del sufrimiento de la mayoría de la gente, o es sólo mi problema?**

No es sólo tu problema. Está en la raíz del sufrimiento de la mayor parte de la gente, pero no con el sentido que le estás dando.

No caes en la desdicha porque hayas dejado de amarte. Es que has creado a un ser que no existe en absoluto. Por eso a veces ese ser irreal sufre tristeza al amar a otros, porque el amor no es posible a partir de la irrealidad. Y no es de un solo lado: dos irrealidades tratando de amarse... tarde o temprano ese arreglo va a venirse abajo. Cuando ese arreglo falla, caes sobre ti mismo: no hay ningún otro lado adónde ir. Así que piensas: «He olvidado amarme».

En cierta forma es un pequeño alivio: por lo menos, en vez de dos irrealidades, ahora sólo tienes una. Pero, ¿qué harás amándote, y por cuánto tiempo puedes sostener ese amor a ti mismo? Es irreal; no te permitirá verlo mucho tiempo porque es peligroso: si lo ves mucho tiempo, ese supuesto ser desaparecerá, y esa será una *verdadera* libertad frente al abatimiento.

El amor permanecerá sin destinatario, ni a alguien ni a ti mismo. Permanecerá sin receptor porque no hay nadie a quien dirigirlo, y cuando el amor está ahí, sin destinatario, hay una gran dicha.

Pero este ser irreal no te dejará mucho tiempo. Pronto te enamorarás de alguien más, porque el ser irreal necesita el apoyo de otras irrealidades. Por eso las personas se enamoran y se dejan de amar, y tan extraño es el fenómeno, que docenas de veces lo hacen y aun no ven la cuestión. Se entristecen cuando están enamoradas de alguien más; se entristecen cuando están solas y no aman... sólo un poco aliviadas por el momento.

En India, cuando una persona muere, la gente la lleva a hombros en algo parecido a una camilla. Pero en el camino van cambiando del hombro izquierdo al derecho y de ahí de nuevo al izquierdo después de algunos minutos. Sienten alivio al cambiar de hombro. Nada cambia: el peso está allí, y encima de uno, pero el hombro izquierdo siente cierto alivio porque pronto el derecho comenzará a doler y entonces tendrá que cambiar de nuevo.

Ésa es tu vida. Vas cambiando al otro, pensando que quizá esta mujer, este hombre, te traerá el paraíso que siempre has anhelado. Pero todos traen el infierno... ¡sin falta!

Y a nadie se puede condenar por ello, porque hacen exactamente lo mismo que tú: llevan a cuestas un ser irreal, del cual nada puede crecer. No puede florecer. Está vacío: decorado, pero por dentro vacío y hueco. Así, cuando ves a alguien desde lejos, él o ella es atractivo. Al acercarte, el atractivo disminuye. Cuando se encuentran, no es un encuentro sino una colisión. Y de pronto ves que la otra persona está vacía y que has sido engañado, defraudado, porque la otra persona no tiene nada de lo que prometía.

Es igual la sensación del otro con respecto a ti. Todas las promesas fallan, y se vuelven una carga para cada cual, una miseria para cada cual, una tristeza, destructiva para cada cual. Se separan. Durante un tiempo hay alivio, pero tu realidad interna no puede dejarte en ese estado demasiado tiempo; pronto estarás buscando otra mujer, otro hombre, y caerás en la misma trampa. Sólo los rostros son diferentes; la realidad interna es la misma: vacía.

Si en verdad quieres librarte de la miseria y del sufrimiento, tienes que entender: no tienes un ser. Entonces no será un alivio pequeño, sino tremendo. Y si no tienes un ser, la necesidad del otro desaparece. Era la necesidad de un ser irreal de ser alimentado por otro. No necesitas al otro.

Y escucha con atención: cuando no necesitas al otro, puedes amar. Y ese amor no traerá miseria.

Al ir más allá de las necesidades, las exigencias y los deseos, el amor se vuelve un compartir muy suave, un gran entendimiento. Cuando te entiendes a ti mismo, ese mismo día has entendido a toda la humanidad. Entonces nadie puede hacerte miserable. Sabes que ellos sufren por un ser irreal, y que lanzan su miseria a cualquiera que esté cerca.

Tu amor te hará capaz de ayudar a la persona que amas a librarse del ser.

Sólo conozco un presente... El amor puede presentarte sólo una cosa: que no eres, que tu ser es sólo imaginario. Este descubrimiento entre dos personas las convierte de pronto en una, porque dos nadas no pueden ser dos. Dos algos serán dos, pero dos nadas no pueden ser dos: dos nadas comienzan a fundirse y mezclarse. Están destinadas a volverse uno.

Por ejemplo, si estamos sentados aquí... si todo el mundo es un ego, entonces se pueden contar muchas personas. Pero hay momentos en que puedo ver —tal vez muchas veces ustedes los ven también— cuando hay silencio absoluto. Entonces no podemos contar cuántas personas hay aquí. Hay sólo una consciencia, un silencio, una nulidad, un desinterés. Y sólo en ese estado pueden dos personas vivir en felicidad eterna, puede un grupo vivir en tremenda belleza. Toda la humanidad puede vivir en una gran bendición.

Pero trata de ver al ser, y no lo hallarás.

No encontrarlo es de gran importancia. Muchas veces he contado la historia de Bodhidharma y su reunión con el emperador chino Wu: una reunión muy extraña, muy fructífera. El emperador Wu era quizá en ese tiempo el emperador más grande del mundo; reinaba sobre toda China, Mongolia, Corea, toda Asia, excepto India.

Se convenció de la verdad de las enseñanzas de Buda Gautama, pero los que habían llevado el mensaje de Buda eran eruditos. Ninguno era místico. Entonces llegó la noticia de la llegada de Bodhidharma, y hubo gran excitación en toda la tierra. Como el emperador Wu había sido influenciado por Buda Gautama, había hecho que todo su imperio estuviera influido por la misma enseñanza. Y ahora un auténtico místico, un buda, llegaba... ¡era una gran alegría!

El emperador Wu nunca había llegado a la frontera donde se unen India y China para recibir a nadie. Con gran respeto recibió a Bodhidharma y preguntó:

—Les he cuestionado a todos los monjes y todos los sabios que han venido, pero ninguno ha sido de utilidad: lo he intentado todo. Pero ¿cómo puedo librarme de este ser? Y Buda dice:

«A menos que te conviertas en un no ser, tu miseria no puede acabar».

Era sincero. Bodhidharma lo miró a los ojos y dijo:

—Estaré al lado del río, cerca de la montaña, en el templo. Mañana en la mañana, a las cuatro exactamente, vendrás y acabaremos para siempre con ese ser. Pero recuerda, no debes traer armas, ningún guardia; tienes que venir solo.

Wu estaba un poco preocupado. ¡Ese hombre era extraño! «¿Cómo puede destruir mi ser con tanta rapidez? Se requieren, según me han dicho los sabios, vidas y vidas de meditación, y entonces el ser desaparece. ¡Este hombre es raro! Y quiere que vaya a él en la oscuridad, a las cuatro de la mañana, solo, sin siquiera una espada, sin guardias ni otra compañía. Este hombre parece extraño... podría hacer cualquier cosa. ¿Y a qué se refiere con matar al ser para siempre? Puede matarme a mí, pero ¿cómo va a matar al ser?».

No pudo dormir en toda la noche. Cambiaba de parecer una y otra vez: ¿ir o no ir? Pero había algo en los ojos del hombre, en su voz, y cierta aura de autoridad cuando dijo: «¡Ven a las cuatro en punto, y acabaré con ese ser para siempre! No necesitas preocuparte al respecto».

Lo que dijo parecía absurdo, pero la forma de decirlo, y el aspecto que tenía, reflejaban autoridad: el hombre sabe lo que dice. Por último, Wu decidió ir. Decidió correr el riego: «Cuando mucho podrá matarme... ¿qué más? Y lo he intentado todo. No puedo lograr ese no ser, y sin lograr el no ser no hay fin a la tristeza».

Llamó a la puerta del templo y Bodhidharma dijo:

—Sabía que vendrías; también sabía que toda la noche estarías cambiando de parecer. Pero eso no importa... has venido. Ahora siéntate en la posición de loto, cierra los ojos y voy a sentarme frente a ti. En el momento en que encuentres en tu interior tu ser, sostenlo para que yo pueda matarlo. Sólo sostenlo fuerte y dime que ya lo has atrapado, y entonces lo mataré y estará terminado. Es cuestión de minutos.

Wu tenía un poco de miedo. Bodhidharma parecía un loco: lo pintan como un loco; no era así, pero las pinturas son simbólicas. Esa es la impresión que debió de haber dejado en la gente. No era su rostro verdadero, pero debió de haber sido el rostro que la gente recordaba. Estaba sentado con su gran báculo frente a Wu, y le dijo:

—No pierdas un segundo. En el momento en que lo atrapes —busca dentro de cada rincón—, abre los ojos y dime que lo has atrapado, y yo lo terminaré.

Hubo silencio. Pasó una hora, dos horas, el sol se levantaba, y Wu era un hombre diferente. En esas dos horas miró dentro de sí, en cada rincón. Tenía que mirar: ese hombre estaba sentado allí; podría haberle golpeado la cabeza con su báculo. Se podía esperar lo que fuese, ¡cualquier cosa! No era un hombre de etiqueta, de modales; no era parte de la corte de Wu, así que Wu tuvo que mirarlo con intensidad, largo tiempo. Y conforme lo miraba, se iba relajando, porque no era *ninguna parte*. Al buscarlo, todos los pensamientos desaparecieron. La búsqueda era tan intensa que toda su energía participaba en ella; no había nada más en que pensar, ni que desear, ni esto ni aquello.

Al levantarse el sol, Bodhidharma vio el rostro de Wu; no era el mismo hombre: ese silencio, esa profundidad. Había desaparecido. Bodhidharma lo sacudió y le dijo:

—Abre los ojos. Ya no está allí. No tuve que matarlo. Soy un hombre no violento, ¡no mato nada! Pero este ser no existe. Porque nunca lo miras, sigue existiendo. Existe en tu no buscarlo, en tu inadvertencia. Ahora se ha ido.

Habían pasado dos horas y Wu estaba inmensamente contento. Nunca había probado semejante dulzura, tal novedad, tal belleza. Y no era.

Bodhidharma había cumplido su promesa. El emperador Wu hizo una reverencia, se tocó los pies y dijo:

—Por favor, perdóname por pensar que estás loco, que no tienes modales, que eres extraño, que puedes ser peligroso. ¡Nunca he visto un hombre más comprensivo que tú...! Ahora no hay duda en mí.

El emperador Wu dijo que cuando muriera, en su tumba, su mausoleo, la afirmación de Bodhidharma debería grabarse en letras de oro para que las personas en los siglos venideros supieran... «Había un hombre que parecía loco, pero que era capaz de obrar milagros. Sin hacer nada me ayudó a ser un no ser. Y desde entonces todo ha cambiado. Todo es lo mismo, pero yo no soy el mismo, y la vida se ha vuelto una pura canción de silencio».

TRES

Tú has nacido con valentía

Transigir quiere decir que estás sobre suelo inestable. Más que transigir, encuentra cimientos, raíces, individualidad. Encuentra sinceridad de sentimientos, el soporte de tu corazón. Así, cualesquiera que sean las consecuencias, no importará. El que sabe, sabe perfectamente bien que no hay daño posible. Lo puedes matar, pero no lo puedes dañar. El que no sabe siempre está temblando, siempre está preocupado. En toda esa preocupación y ese temblor, esa angustia, él continúa llegando a acuerdos con todos, sólo para sentirse seguro, para que no lo dañen. Pero, ¿qué estás tratando de salvar? No tienes nada que salvar.

- **Me siento dividido en dos partes, una mitad que va hacia lo desconocido, y otra que va hacia todo aquello que me resulta familiar de mi pasado. Cuando estoy cerca de perder lo que creo que es mío, me da pánico, aun cuando anhelo ir al lugar donde se encuentra lo desconocido a lo que te referías. Por favor, infúndeme el valor de dar el próximo paso.**

La verdadera cuestión no es el valor; la verdadera cuestión es que tú no entiendes que lo conocido es lo muerto, y lo desconocido es lo vivo. Aferrarse a lo conocido es aferrarse a un cadáver. No se necesita valor para dejar de aferrarnos; de hecho, ¡se necesita valor para continuar aferrado a un cadáver! Sólo tienes que ver... lo que te resulta familiar, lo que has vivido, ¿qué es lo que te ha dado? ¿Dónde has llegado? ¿No estás todavía vacío? ¿No sientes un gran descontento, una profunda frustración y falta de sentido? De alguna forma sigues adelante y te las ingenias, escondes la verdad y creas mentiras para permanecer enganchado, involucrado.

Ésta es la cuestión: ver con claridad que todo lo que sabes viene del pasado, ya se fue. Es una parcela de un cementerio. ¿Quieres estar en una tumba o prefieres estar vivo? Y hoy, ésta no es la única pregunta; será la misma pregunta mañana y pasado mañana. Será la misma pregunta de tu último aliento.

Todo lo que sabes se ha acumulado —sea información, conocimiento, experiencia—; en cuanto los exploraste, ya acabaste con ellos. Entonces, acarrear esas palabras vacías, esa carga muerta, aplasta tu vida, la sobrecarga, y te impide convertirte en un ser alegre, vivo, que te espera a cada momento.

El hombre que entiende, muere al pasado a cada instante y renace de nuevo al futuro. Su presente es siempre una transformación, un renacimiento, una resurrección. No es cuestión de valentía; eso es algo que debemos entender desde el principio. Se trata de una cuestión de claridad, de ser claro respecto de qué es qué.

Y, en segundo lugar, siempre que en verdad se trate de una cuestión de valentía, nadie te la puede dar. No es algo que se pueda regalar. Es algo con lo que se nace, sólo que no le has permitido crecer, no le has permitido afirmarse porque la sociedad entera está en su contra. La sociedad no quiere leones, quiere una multitud de ovejas. Así es fácil esclavizar a la gente, explotarla, hacer lo que quieras con ella. Las personas no tienen alma, son casi robots. Les ordenan y obedecen. No son individuos libres.

Ninguna sociedad desea que seas valiente. Toda sociedad quiere que seas cobarde, pero nadie lo dice con sinceridad; en vez de eso han encontrado hermosas palabras. No te dirán: «Compórtate como un cobarde», porque parecerán ofensivos a la persona a quien se lo dicen, y ésta empezará a pensar: «¿Por qué habría de ser un cobarde?», puesto que ser un cobarde no es algo respetable. No, dicen ellos: «Con cuidado. Piensa dos veces antes de saltar. Recuerda tu tradición, que tu religión tiene miles de años de antigüedad, es muy sabia. Eres un recién llegado, no puedes permitirte no creer en ella. No hay comparación. Tú acabas de llegar y tu religión ha estado ahí diez mil años, acumulando más y más experiencia, conocimiento. Es un fenómeno del tamaño del Himalaya. Tú eres un pequeño guijarro. No puedes pelear contra la tradición, porque eso significa pelear contra ti mismo, es autodestructivo. Sólo puedes someterte a la tradición; eso es sabio, inteligente. Dentro de la multitud estás protegido, seguro, con la tranquilidad de que no te extraviarás».

De muy diversas maneras te dirán una cosa muy simple: sólo sé un cobarde. Ser cobarde tiene sus recompensas; ser valiente es peligroso porque te hará entrar en conflicto con todos los intereses creados. Y tú eres un pequeño ser humano, no puedes pelear contra el mundo entero.

Mi abuelo solía decirme: «Cualquier cosa que digas está bien. Soy viejo, pero puedo entender que dices algo verdadero. Pero te sugeriré que no se lo digas a cualquiera, te meterás en problemas. No te puedes poner contra todo el mundo. Puede que tengas la verdad, pero la verdad no cuenta, lo que cuenta es la multitud. Alguien podría estar simplemente mintiendo —y todas las religiones han hecho eso, mentir sobre Dios, mentir sobre el paraíso, mentir sobre el infierno, mentir sobre mil y un cosas—, pero la multitud está con ellas. La inmensa humanidad y su larga tradición apoya sus mentiras. Tú no eres nadie».

Yo era muy amigable con mi abuelo. Él solía llevarme con los santones que visitaban el pueblo. Disfrutaba mucho mis argumentos con los llamados santos, que creaban una situación totalmente embarazosa para el santo porque éste no podía responderme. Pero al regreso, me decía: «Recuerda, es bueno como juego, pero no lo conviertas en tu vida, de otra manera estarás solo contra el mundo entero. Y no puedes ganarle al mundo entero».

La última cosa que me dijo era lo mismo. Antes de morir, me llamó a su lado y me dijo: «Recuerda, no pelees contra el mundo entero. No puedes ganar».

Yo dije: «Ahora estás muriendo. Estuviste con el mundo, ¿qué ganaste? ¿Cuál es tu victoria? No puedo prometerte lo que me pides. Quiero que te quede claro que, sin importar el costo... Podría perder la batalla, pero será mi batalla, y estaré inmensamente satisfecho porque estuve a favor de la verdad. No importa si pierdo o gano, eso es irrelevante, la derrota o la victoria. Lo que en verdad importa es que defienda lo que sienta que es lo correcto».

La valentía está en todos. No es una cualidad que deba practicarse, sino algo que es parte de tu vida, de tu misma respiración. La sociedad ha creado tantas barreras contra tu crecimiento natural que has empezado a pensar: «¿de dónde sacar el valor, de dónde obtener inteligencia, de dónde obtener la verdad?».

No tienes que ir a ningún lado. Contienes, en la forma de semilla, todo lo que quieres ser. Darse cuenta de esto y ver el otro lado... La gente que vive con la muchedumbre, ¿cuál es su ganancia? Pierde todo. De hecho, no vive en absoluto, sólo muere. Desde que nace empieza a morir, y continúa muriendo hasta su último aliento. Toda su vida es una larga serie de muertes. Sólo mira a la multitud: puedes estar con ella, pero correrás la misma suerte.

Es muy simple si lo miras: la única manera de vivir la vida es vivir por tu cuenta. Es un fenómeno individual, es independencia, es libertad. Es un constante deshacerse de todo lo que está muerto, para que la vida continúe creciendo y no la aplaste el peso de lo muerto.

- **¿El mundo y la sociedad han renunciado a una parte de su espíritu rebelde?**

El pasado del hombre está lleno de personas que renunciaron al mundo y a la sociedad. La renuncia se ha convertido en parte de casi todas las religiones, en un principio fundacional.

El rebelde renuncia al pasado. Él no va a repetir el pasado, está trayendo algo nuevo al mundo. Los que han escapado del mundo y de la sociedad son escapistas. Han renunciado a sus responsabilidades, pero sin entender que el momento en que se renuncia a las responsabilidades también se renuncia a la libertad.

Estas son las complejidades de la vida: libertad y responsabilidades se van juntas o permanecen juntas.

Entre más se es amante de la libertad, con más facilidad se está dispuesto a aceptar responsabilidades. Pero fuera del mundo, fuera de la sociedad, las responsabilidades no son posibles. Y se tiene que recordar que todo lo que aprendemos, lo aprendemos a través de ser responsables.

El pasado ha destruido la belleza de la palabra «responsabilidad». La han convertido en el equivalente a deber; en realidad no lo es. Un deber es algo que se ejecuta de mala gana, como parte de una esclavitud espiritual. Deber hacia los mayores, deber hacia el cónyuge, hacia los hijos; ellos no son responsabilidades. Entender la palabra «responsabilidad» es muy significativo. Hay que dividirla en dos: «respuesta» y «habilidad».

Se puede actuar de dos formas: una es reacción, la otra es respuesta. La reacción proviene del condicionamiento pasado; es mecánica. La respuesta proviene de la presencia, de estar alerta, de la consciencia; la respuesta no es mecánica. Y la habilidad de responder es uno de los grandes principios del crecimiento. No se sigue ninguna orden, ningún mandato; simplemente se sigue a la consciencia. Tú funcionas como un espejo, que refleja la situación y responde a ella; no desde la memoria, ni desde experiencias similares pasadas, sin repetir reacciones, sino actuando de manera fresca, nueva, en este mismo momento. Ni la situación es antigua ni tampoco las respuestas; ambas son nuevas. Esta habilidad es una de las cualidades del rebelde.

Al renunciar al mundo, al escapar hacia el bosque y las montañas, se escapa a una situación de aprendizaje. En una cueva en los Himalayas no se tendrá ninguna responsabilidad, pero recordemos: sin responsabilidad no se puede crecer; la consciencia permanecerá atascada. Para crecer se necesita enfrentar, encontrar, aceptar los retos de las responsabilidades.

Los escapistas son cobardes, no son rebeldes, aunque hasta ahora se había pensado que eran espíritus rebeldes. No lo son, son simplemente cobardes. No pueden hacer frente a la vida. Conocen sus debilidades, sus fragilidades, y piensan que es mejor escapar, porque entonces nunca tendrán que enfrentar su debilidad, su fragilidad; nunca llegarán a enfrentar ningún reto. Pero sin retos, ¿cómo se puede crecer?

No, el rebelde no puede renunciar al mundo y a la sociedad, pero con certeza renuncia a muchas otras cosas. Renuncia a la llamada moralidad que le impone la sociedad; renuncia a los llamados valores que le impone la sociedad; renuncia al conocimiento que le da la sociedad. No renuncia a la sociedad como tal: renuncia a todo lo que la sociedad le ha dado. Ésta es una verdadera renuncia.

El rebelde vive en la sociedad, peleando, combatiendo. Permanecer en la multitud, y no obedecer a la multitud, sino a nuestra propia consciencia, resulta una tremenda oportunidad de crecimiento. Nos obliga a sacar lo mejor de nosotros, nos otorga dignidad.

Un rebelde es un luchador, un guerrero. Pero, ¿cómo se puede ser un guerrero en una cueva de los Himalayas? ¿Contra quién se va a luchar? El rebelde permanece en la sociedad, pero ya no es parte de la sociedad: ésa es su renuncia y ésa es su rebeldía. No es terco, no es rígido, no es un egoísta, no va por ahí peleando a ciegas.

Si encuentra que algo está bien, lo obedece, pero obedece a sus propios sentimientos de justicia, no a las órdenes dictadas por otros. Y si percibe que no es correcto lo desobedece, sin importar el costo. Puede aceptar que lo crucifiquen, pero no aceptará ninguna esclavitud espiritual.

La situación del rebelde es tremendamente emocionante: a cada momento enfrenta problemas porque la sociedad tiene un modo fijo, un modelo fijo, unos ideales fijos. Y el rebelde no puede congeniar con esos ideales fijos; él tiene que seguir su propia pequeña voz. Si su corazón dice no, no existe la manera, el poder, la fuerza que lo obligue a decir sí. Se le puede matar, pero no se puede destruir su espíritu rebelde.

Su renuncia es mucho más grande que la renuncia de Buda Gautama, Mahavira y millones que simplemente renunciaron a la sociedad, escaparon al bosque, a las montañas. Era más fácil, pero muy peligrosa porque va en contra del crecimiento. El rebelde renuncia a la sociedad y aun así permanece en ella, peleando momento a momento. En este sentido no sólo crece, sino también permite a la sociedad aprender que hay muchas cosas que no están bien, pero que nos han enseñado que están bien. Hay muchas cosas que son inmorales, pero nos han enseñado que son morales; hay muchas cosas que nos han enseñado que son muy sabias, pero en realidad son lo *opuesto*.

Por ejemplo, todas las sociedades del mundo han ensalzado la virginidad de las mujeres. Es un ideal aceptado universalmente que la mujer debe permanecer virgen antes del matrimonio. Algunas veces existe un pequeña y delgada barrera de piel en la vagina de una mujer y, si la mujer hace el amor con alguien, esa pequeña barrera impide que el esperma vaya hacia el óvulo.

Lo primero que le interesa al hombre es esa pequeña barrera, sea que esté intacta o no. Si no está intacta, entonces la chica no es virgen. Algunas veces la pequeña barrera se rompe o queda con hoyos al montar a caballo, trepar a un árbol o en un accidente, aunque la chica siga siendo virgen. Durante la Edad Media era imposible conseguir esposo para ella, pero había médicos que hacían una barrera artificial de piel y la fijaban de manera que la chica pareciera virgen, lo fuera o no. La estupidez no tiene límites.

De hecho, la virginidad no debería ser parte de una sociedad de verdad comprensiva. La virginidad significa que la mujer permanece ignorante de lo que tendrá que enfrentar luego del casamiento. Una sociedad más comprensiva permitiría tener sexo antes del matrimonio a chicos y chicas para que conocieran exactamente lo que van a enfrentar cuando se casen y si quieren tenerlo o no. A una mujer se le debería permitir conocer a tantas personas como fuera posible, antes del matrimonio, y lo mismo se aplica al hombre, porque antes de decidirse por la pareja correcta, la única manera de saber es tener experiencias con muchas parejas, con diferentes tipos de personas.

Pero la ignorancia ha sido propuesta en nombre de la virginidad, en nombre de la moral.

La ignorancia no se puede tolerar bajo ninguna circunstancia. Si en el mundo los casados son tan desdichados, una de las principales razones es que no se les permitió conocer a varios hombres o varias mujeres antes de casarse; de otra manera habrían podido escoger con mayor entendimiento a la persona adecuada que encajara con ellos de manera armoniosa.

Se consulta a astrólogos, como si a las estrellas les preocupara con quién se case uno, ¡como si las estrellas se interesaran de verdad en uno! Se consulta a quirománticos, como si hubiera líneas en las palmas de la mano que dieran indicaciones para conseguir a la pareja correcta. Se consultan cartas astrales...todas esas cosas son totalmente irrelevantes. Dónde se haya nacido y dónde haya nacido la mujer no guarda relación con la vida que van a vivir. Pero éstas han sido sólo racionalizaciones. El hombre ha tratado de consolarse con la idea de que intenta hacer todo lo posible por encontrar a la pareja correcta.

Sólo hay una forma de encontrar a la pareja correcta: permitir a los chicos y a las chicas mezclarse con tantas parejas como sea posible, de manera que conozcan las diferencias entre las mujeres, las diferencias entre los hombres. Entonces pueden llegar a saber con cuáles son polos opuestos, con cuáles apenas se entibian y con cuáles armonizan apasionadamente. Fuera de eso, no hay manera de encontrar a la pareja correcta.

Una persona de espíritu rebelde tendrá que estar consciente de cada ideal, por antiguo que sea, y responderá de acuerdo con la consciencia y el entendimiento, no de acuerdo con los condicionamientos de la sociedad. Ésa es la verdadera renuncia.

Lao Tse, un auténtico rebelde —más auténtico que Buda Gautama y que Mahavira, porque él permaneció en el mundo y luchó en el mundo— vivió de acuerdo con su propia luz, luchando, no escapando. Se volvió tan sabio que el emperador lo invitó a ser su primer ministro. Él rehusó. Dijo: «No funcionará, porque es improbable que lleguemos a las mismas conclusiones sobre las cosas. Tú vives de acuerdo con los ideales que tus mayores te dieron; yo vivo de acuerdo con mi consciencia». Pero el emperador insistió; no podía ver que hubiera algún problema.

El primer día en su corte trajeron a un ladrón; lo habían atrapado con las manos en la masa, robando del hombre más rico de la capital, y el hombre confesó que estaba robando. Lao Tse les dio seis meses de prisión a ambos: al rico y al ladrón. El rico dijo:

—¿Qué? ¿Me roban, soy la víctima y me castigan? ¿Estás loco o qué? No existe un precedente en la historia para que un hombre al que le han robado su dinero deba ser castigado.

Lao Tse contestó:

—De hecho, a ti te debería dar más tiempo en prisión que al ladrón. Soy demasiado compasivo: te has llevado todo el dinero de la ciudad. ¿Crees que el dinero llueve del cielo? ¿Quién ha hecho tan pobres a estas personas que tienen que volverse ladrones? Tú eres el responsable. Y éste será mi veredicto en cada caso de robo: ambas personas se irán a la cárcel. Tu delito es mucho mayor; el suyo es nada. Él es pobre y tú eres responsable de eso. Y si él estaba robando un poco de dinero de tus tesoros, no significó mayor delito. Ese dinero pertenece a mucha de la gente pobre de quien lo has tomado. Seguiste haciéndote más y más rico y mucha más gente siguió haciéndose más y más pobre.

El hombre rico pensó: «Este hombre parece estar loco, completamente loco». Dijo:

—Quiero una oportunidad para ver al emperador.

Era tan rico que incluso el emperador solía pedirle préstamos. Le contó al emperador lo que había pasado y le dijo:

—Si no sacas a este hombre de la corte estarás detrás de las rejas igual que yo porque, ¿de dónde has obtenido todos tus tesoros? Si yo soy un delincuente, tú eres un delincuente mucho mayor.

El emperador vio la lógica de la situación. Le dijo a Lao Tse:

—Quizá tengas razón en que será difícil para nosotros llegar a las mismas conclusiones. Se te releva de tus servicios.

Ese hombre era un rebelde; vivió en la sociedad, luchó en la sociedad. Una mente rebelde sólo puede pensar de la manera en que él pensaba. Él no estaba reaccionando; para eso había precedentes y libros de leyes. Él no veía ninguna de esas cosas: estaba mirando dentro de sí mismo, observando la situación. ¿Por qué tanta gente es pobre? ¿Quién es responsable de eso? Todos aquellos que se han vuelto demasiado ricos son los verdaderos criminales.

Un rebelde renunciará a sus ideales, moral, religión, filosofías, rituales y supersticiones de la sociedad, pero no a la sociedad en sí. No es un cobarde: es un guerrero. Tiene que luchar para abrirse camino y tiene que crear senderos para que otros rebeldes los sigan.

En lo que al mundo se refiere... el mundo y la sociedad no son la misma cosa. En el pasado, gente llamada religiosa ha renunciado a la sociedad y al mundo, a ambos. El rebelde peleará contra la sociedad, renunciará a sus ideales, y amará al mundo, porque el mundo, la existencia, es nuestra misma fuente de vida. Renunciar es estar en contra de la vida. Todas las religiones han estado en contra de la vida.

El rebelde debe estar a favor de la vida. Él incorporará todos aquellos valores que hacen al mundo más hermoso, más amable, aquello que hace al mundo más rico. Es nuestro mundo, somos parte de él, él es parte de nosotros. ¿Cómo podríamos renunciar a él? ¿Adónde podríamos ir si renunciamos? El mundo está tanto en una cueva en el Himalaya como aquí mismo, en el mercado.

El mundo debe nutrirse, puesto que nos está nutriendo. El mundo tiene que respetarse, puesto que es la misma fuente de la vida. Todos los fluidos que te recorren, todas las alegrías y las celebraciones que te suceden, vienen de la existencia misma. En lugar de huir de él, debes sumergirte mucho más en él, debes echar tus raíces hacia fuentes más profundas de vida, de amor y de risa. Debes bailar y celebrar.

Tu celebración te acercará a la existencia, porque la existencia está en constante celebración. Tu alegría, tu dicha, tu silencio atraerán el silencio de las estrellas y del cielo; con la existencia, tu paz abrirá las puertas de todos los misterios que contiene. No se puede encontrar la iluminación de otra manera.

Al mundo no se le condena; hay que respetarlo. El rebelde honrará la existencia, guardará una inmensa reverencia hacia la vida en cualquiera de las formas en que exista: hacia los hombres, hacia las mujeres, hacia los árboles, hacia las montañas, hacia las estrellas.

En cualquiera de las formas en que exista la vida, el rebelde sentirá una profunda reverencia. Ésa será su gratitud, será su oración, su religión, su revolución.

Ser un rebelde es el principio de una forma del todo nueva

de vida, un estilo totalmente nuevo de vida, es el principio de una nueva humanidad, de un nuevo hombre.

Yo quisiera que todo el mundo fuera rebelde, porque sólo en esa rebelión floreceríamos con todo nuestro potencial, liberaríamos nuestro perfume. No seríamos individuos reprimidos, como ha estado el hombre por siglos... el animal más reprimido. Aun las aves son mucho más libres, mucho más naturales, mucho más sintonizadas con la naturaleza. Cuando sale el sol, no toca en cada árbol: «Despierta, ya se fue la noche». No acude a cada nido de ave: «Empieza a cantar, es hora de una canción». No, conforme sale el sol, las flores empiezan a abrirse a su propio ritmo. Y los pájaros se ponen a cantar, no de acuerdo con una orden de arriba, sino por una inevitabilidad intrínseca, por alegría, por pura dicha.

Alguna vez fui profesor de una escuela de sánscrito. Como de momento no había cuartos para los profesores y yo estaba solo, se hicieron arreglos para que me fuera a vivir al hostal con los estudiantes. Era una universidad de sánscrito que seguía las formas tradicionales: cada estudiante tenía que despertar a las cuatro de la mañana, darse una ducha fría y formarse a las cinco para orar.

Durante muchos años despertaba por mí mismo en la oscuridad de cada madrugada... y los estudiantes ni siquiera se habían percatado de que yo había llegado como profesor, porque no había empezado todavía a enseñar.

Fue un error del gobierno mandarme a esa universidad, ya que yo no estaba calificado para enseñar sánscrito. Le llevó seis meses al gobierno corregir el error. La burocracia es lo que más lento se mueve, como la luz es lo que se mueve más rápido. Son polos opuestos: la luz y la burocracia.

Así que no tenía nada que hacer ahí y los estudiantes no tenían idea de que yo era un profesor... y en lugar de orar, todos insultaban a Dios, al director, maldecían todo el ritual: en el frío del invierno, darse una ducha fría era absolutamente obligatorio. Yo escuchaba toda la situación. Me decía: «Esto es raro...en lugar de estar rezando, están haciendo lo opuesto. Quizá estos seis años en la universidad serán suficientes para ellos: nunca volverán a orar en toda su vida. Nunca se despertarán temprano de nuevo, nunca más. Estos seis años de tortura serán suficiente experiencia».

Le dije al director:

—No es correcto hacer obligatoria la oración. La oración no puede hacerse obligatoria; el amor no puede ser obligatorio.

—No, no es cuestión de obligación —respondió—. Aun si retiro la indicación de que es obligatorio, ellos rezarán.

—Inténtelo —dije.

Él retiró la orden. A excepción hecha de mí, nadie se despertó a las cuatro. Fui y toqué en la puerta del director a las cuatro de la mañana. El mismo director estaba dormido; siempre estaba dormido, nunca participaba de la oración matutina.

—Ahora venga y vea —le dije—; ninguno de los quinientos estudiantes se ha despertado, y ni uno solo se encuentra orando.

Las aves no cantan por obligación. Este cucú no está cantando porque se lo mande alguna orden presidencial, o por alguna emergencia; sólo se regocija con el sol, con los árboles.

La existencia es una celebración constante. Las flores no abren sus pétalos por seguir una orden; no es un deber. Es una respuesta, una respuesta al sol; es su respeto, su oración, su gratitud.

Un rebelde vive de manera natural, responde de manera natural, se siente en casa y a gusto con la existencia. Es un ser existencial. Ésa es la definición correcta del rebelde: un ser existencial. La existencia es su templo. La existencia es su escritura sagrada, es toda su filosofía. No es un existencialista: es existencial; ésa es su experiencia.

Está a gusto con los árboles, con los ríos, con las montañas. Él no renuncia, no condena, sólo tiene un gran honor en su corazón, y gratitud. Para mí, esa gratitud es la única oración.

- **¿Qué ha salido mal? ¿Por qué la gente sale al encuentro de lo nuevo con reticencia, y con miedo, en lugar de tomarlo con alegría?**

Lo nuevo no proviene de ti; viene de más allá. No es parte de ti. Todo tu pasado está en juego. Lo nuevo es discontinuo en ti, de ahí el miedo. Has vivido de una manera, has pensado de una manera, has creado una vida confortable con tus creencias. Entonces, algo nuevo llama a la puerta. Ahora se perturbará toda la construcción de tu pasado. Si permites que lo nuevo entre, nunca volverás a ser el mismo, lo nuevo te transformará.

Es arriesgado. Uno nunca sabe dónde terminará con lo nuevo. Lo viejo es conocido, familiar; has vivido con eso mucho tiempo; estás familiarizado con ello. Lo nuevo es desconocido. Podría ser amigo o enemigo, quién sabe. Y no hay manera de saberlo. La única forma de saberlo es permitiéndolo; de ahí la aprensión, el miedo.

Y no puedes seguir rechazándolo, pues lo viejo no te ha dado todavía lo que buscas. Lo viejo ha prometido, pero no ha cumplido. Lo viejo es conocido, pero mezquino. Lo nuevo podría resultar incómodo, pero hay una posibilidad de que pueda traerte dicha. Entonces, no puedes rechazarlo y no puedes aceptarlo: de ahí el titubeo, los temblores, la gran angustia que se genera en tu ser. Es natural, nada ha salido mal. Así ha sido siempre, así será siempre.

Trata de entender la apariencia de lo nuevo. Todos en el mundo desean volverse nuevos, porque nadie está satisfecho con lo viejo. Nadie puede estar satisfecho con lo viejo porque, sea lo que sea, ya lo has conocido. Una vez conocido se ha vuelto repetitivo; una vez conocido se ha vuelto aburrido, monótono. Quieres deshacerte de ello. Quieres explorar, quieres aventurarte. Quieres volverte nuevo y, sin embargo, cuando lo nuevo llama a la puerta, te encoges, te retraes, te escondes en lo viejo. Éste es el dilema.

¿Cómo nos volvemos nuevos...? Y todo el mundo desea volverse nuevo. Se necesita valor, y no valor ordinario; se necesita un valor extraordinario. Y el mundo está lleno de cobardes, por lo tanto, la gente ha dejado de crecer. ¿Cómo puedes crecer si eres un cobarde? Con cada nueva oportunidad te encoges, cierras los ojos. ¿Cómo puedes crecer? ¿Cómo puedes ser? Sólo finges ser.

Y porque no puedes crecer, debes encontrar crecimientos sustitutos. No puedes crecer, pero tu saldo bancario puede crecer; eso es un sustituto. No se necesita valor; el saldo está equilibrado con tu cobardía de manera perfecta. Tu saldo bancario continúa creciendo y empiezas a pensar que tú estás creciendo. Te vuelves más respetable. Tu nombre y tu fama continúan creciendo, ¿y piensas que estás creciendo? Sólo te estás defraudando a ti mismo. Tu nombre no eres tú, tampoco tu fama eres tú. Tu saldo bancario no es tu ser. Pero si piensas en ser, empiezas a temblar, porque si quieres crecer debes dejar toda cobardía.

¿Cómo nos volvemos nuevos? No nos volvemos nuevos por nosotros mismos. Lo nuevo viene de más allá, digamos que de Dios. Lo nuevo viene de la existencia. La mente siempre es vieja. La mente nunca es nueva; es la acumulación del pasado. Lo nuevo viene de un más allá; es un regalo de Dios. Es de más allá y pertenece al más allá.

Lo desconocido y lo que no puede conocerse, el más allá, ha penetrado en ti. Ha ingresado en ti porque nunca te han sellado y puesto aparte; no eres una isla. Quizá tú olvidaste el más allá, pero el más allá no te ha olvidado a ti. El niño pudo haber olvidado a la madre; la madre no ha olvidado al niño. Una parte pudo haber pensado: «Estoy separada», pero el todo sabe que no estás separado. El todo ha penetrado en ti. Está aún en contacto contigo. Por eso lo nuevo sigue viniendo, aunque no le des la bienvenida. Llega cada mañana, llega cada tarde. Llega en mil y un formas. Si tienes ojos para ver, lo verás venir continuamente hacia ti.

Dios continúa colmándote, pero tú estás encerrado en tu pasado. Estás casi en una especie de tumba. Te has vuelto insensible. Debido a tu cobardía has perdido tu sensibilidad. Ser sensible significa que sentirás lo nuevo, y la emoción de lo nuevo, y la pasión por lo nuevo y la aventura crecerán y tú empezarás a moverte dentro de lo desconocido, sin saber hacia dónde te diriges.

La mente piensa que está loca. La mente piensa que no es racional abandonar lo viejo. Pero Dios es siempre lo nuevo. Por eso no podemos usar el tiempo pasado o el tiempo futuro para referirnos a Dios. No podemos decir: «Dios era», no podemos decir «Dios será». Sólo podemos usar el tiempo presente: «Dios es». Es algo siempre fresco, virgen. Y ha penetrado en ti.

Recuerda: cualquier cosa nueva que llega a tu vida es un mensaje de Dios. Si lo aceptas eres religioso. Si lo rechazas eres no religioso. El hombre necesita relajarse un poco más para aceptar lo nuevo; abrirse un poco más para dejar que entre lo nuevo. Da paso a Dios para que entre en ti.

Ese es todo el significado de la oración y la meditación: te abres, dices «sí», dices: «Entra en mí». Dices: «He estado esperando y esperando y estoy agradecido de que hayas llegado». Siempre recibe lo nuevo con gran alegría. Aun si a veces lo nuevo te produce inconvenientes, de todas formas vale la pena. Aun si a veces te conduce a alguna zanja, vale la pena, porque sólo a través de los errores uno aprende, y sólo a través de las dificultades uno crece. Lo nuevo traerá dificultades. Por esa razón tú escoges lo viejo; no te trae ninguna dificultad. Es un consuelo, un refugio.

Y sólo lo nuevo, si lo aceptas profunda y totalmente, puede transformarte. Tú no puedes traer lo nuevo a tu vida; lo nuevo llega. Lo puedes aceptar o rechazar. Si lo rechazas permaneces hecho una piedra, cerrado y muerto.

Sólo la entrada de lo nuevo puede transformarte, no hay otra vía hacia la transformación. Pero recuerda, no tiene nada que ver contigo y tus esfuerzos. Pero no hacer nada no implica dejar de actuar; es actuar sin voluntad o dirección o impulso de tu pasado. La búsqueda de lo nuevo no puede ser una búsqueda ordinaria, porque es una búsqueda de lo nuevo. ¿Cómo puedes buscarlo? No lo conoces, nunca lo has encontrado. La búsqueda de lo nuevo será una exploración abierta. Y uno no sabe. Uno tiene que empezar en un estado de desconocimiento, y se tiene que mover como un niño, de manera inocente, asombrado de las posibilidades, y las posibilidades son infinitas.

Tú no puedes hacer nada para crear lo nuevo, porque hagas lo que hagas vendrá de lo viejo, será del pasado. Pero eso no quiere decir que debas dejar de actuar. Actúa sin voluntad ni dirección o impulso de tu pasado, es decir, actúa a través de la meditación. Actúa con espontaneidad. Deja que el momento sea el que decida.

Tú no impones tu decisión, porque la decisión vendrá del pasado y destruirá lo nuevo. Sólo actúa en el momento como lo haría un niño. Abandónate por completo al momento, y encontrarás cada día nuevas oportunidades, nueva luz, nuevas perspectivas. Y esas nuevas perspectivas seguirán cambiándote. Un día, de repente te darás cuenta de que eres nuevo a cada momento. Lo viejo ya no ronda, lo viejo ya no te sigue como una nube. Eres como una gota de rocío, fresco y joven.

Recuerda, un buda vive momento a momento. Es como si una ola se alzara en el océano, una ola majestuosa. Con gran alegría y danza sube, con esperanza y sueños, a tocar las estrellas. Entonces está en el momento, y luego desaparece. Volverá a llegar de nuevo, tendrá otro día. Otra vez danzará y otra vez se irá. Así es Dios: viene, desaparece, vuelve de nuevo, desaparece. Así es la consciencia de un buda. A cada momento llega, actúa, responde y ya no está. De nuevo llega y ya no está. Es atómico.

Entre los dos momentos hay una pausa; en esa pausa, el buda desaparece. Te digo una palabra, y desaparezco. Te digo otra palabra y estoy ahí, y de nuevo vuelvo a desaparecer. Te respondo y luego ya no estoy. La respuesta está ahí de nuevo y yo ya no. Esos intervalos, esos vacíos lo mantienen a uno muy fresco, porque sólo la muerte te puede mantener por completo vivo.

Tú moriste alguna vez, luego de setenta años. Por supuesto, acumulaste setenta años de basura. Un buda muere a cada momento; no acumula basura, nada se acumula, nada se posee jamás. Es por eso que el otro día el buda dijo que poseer estigmas es fraude, porque la posesión es del pasado. No poseer estigmas es ser un buda.

Sólo piénsalo: cada momento elevándose, como la respiración. Inhalas, exhalas. Vuelves a inhalar, vuelves a exhalar. Cada respiración que entra es vida y cada una que sale es muerte. Naces con cada inhalación, mueres con cada exhalación. Deja que cada momento sea un nacimiento y una muerte. Entonces serás nuevo.

Pero esto nuevo no tiene nada que ver con tu pasado, tu voluntad, tu dirección, tu impulso. Es actuar con espontaneidad. No es una reacción, sino una respuesta. Todo lo que se hace con base en el pasado es viejo, así que uno no puede hacer nada nuevo. Ver esto es haber terminado con lo viejo y con el pasado y con uno mismo. Eso es todo lo que podemos hacer. Pero es cada cosa, es todo. Justo al terminar lo viejo, lo nuevo puede llegar, o no. No importa. El mero deseo de lo nuevo es un deseo viejo. Entonces, uno está abierto por completo. Incluso pedir lo nuevo es un deseo viejo.

Un buda ni siquiera pedirá lo nuevo. No hay deseo de nada, eso de «debe ser así». Si hay deseo lo enfrentarás así, te impondrás sobre ese deseo. Contempla la vida sin deseos. Contempla la vida sin condiciones. Contempla la vida como es —*yatha bhutam*— y serás continuamente renovado, rejuvenecido.

Ése es el significado real de la resurrección. Si entiendes esto te liberarás de la memoria, es decir, de la psicológica. La memoria es cosa muerta. La memoria no es la verdad y no puede serlo jamás, porque la verdad siempre está viva, la verdad es vida; la memoria es la persistencia de aquello que ya no es. Es vivir en un mundo fantasma, pero que nos contiene; es nuestra prisión. De hecho, ese mundo somos nosotros. La memoria crea el nudo, el complejo llamado *yo*, el ego. Y, por supuesto, esta falsa entidad llamada *yo* está continuamente temerosa de la muerte. Es por eso que tienes miedo de lo nuevo.

Ese *yo* que tiene miedo, no es realmente tú. El ser no tiene miedo, pero el ego sí, porque el ego está temeroso de morir. Es artificial, es arbitrario, está unido. Puede desmoronarse en cualquier momento. Cuando entra el nuevo, hay miedo. El ego tiene miedo, puede desmoronarse. De algún modo ha logrado mantenerse unido, mantenerse en una sola pieza, y ahora algo nuevo viene, y será una cosa quebrantadora. Por eso no aceptas lo nuevo con alegría. El ego no puede aceptar su propia muerte con alegría, ¿cómo puede aceptar su propia muerte con alegría?

A menos que hayas entendido que tú no eres el ego, no estarás en condiciones de recibir lo nuevo. Una vez que hayas visto que el ego es tu memoria del pasado y nada más, que tú no eres tu memoria, que la memoria es como una biocomputadora, que es una máquina, un mecanismo utilitario, pero que tú estás más allá de ella... Tú eres consciencia, no memoria. La memoria es un contenido de la consciencia, tú eres consciencia.

Por ejemplo, ves que alguien viene por el camino. Recuerdas el rostro, pero no recuerdas el nombre. Si fueras memoria deberías recordar también el nombre. Pero te dices: «Reconozco el rostro, pero no recuerdo el nombre». Entonces empiezas a buscar en tu memoria, te vas al fondo de tu memoria, miras este lado, este otro, y de pronto el nombre emerge y tú dices: «Sí, ése es su nombre». La memoria es tu registro. Tú eres quien está revisando los registros, tú no eres la memoria. Y ocurre muchas veces que, si te pones demasiado tenso porque tratas de recordar algo, se vuelve más difícil recordarlo, ya que la misma tensión, el mismo esfuerzo sobre tu ser le impide a la memoria liberar su información para ti. Tú intentas e intentas recordar el nombre de alguien y no viene, aun cuando dices que lo tienes en la punta de la lengua. Tú sabes lo que sabes, pero de todas formas el nombre no llega.

Viéndolo bien, es extraño. Si tú eres memoria, ¿quién te lo está impidiendo y cómo es que no llega? Y, ¿quién es éste que dice: «Yo lo sé, pero aun así no llega»? Y entonces tratas más duro y entre más duro tratas más difícil se vuelve. Harto de todo el asunto, te vas a caminar al jardín y de repente, al mirar un rosal, ahí está, ha emergido.

Tu memoria no eres tú. Tú eres consciencia, la memoria es contenido. Pero la memoria es toda la energía vital del ego. Por supuesto, la memoria es vieja, y le teme a lo nuevo. Lo nuevo puede ser perturbador, puede ser algo que no se pueda digerir. Lo nuevo puede acarrear algunos problemas. Tendrás que ajustarte y reajustarte. Tendrás que reacomodarte. Eso parece arduo.

Para ser nuevo uno necesita dejar de identificarse con el ego. Una vez que dejes de identificarte con el ego no te importará si vive o muere. De hecho, tú sabes que, viva o muera, ya está muerto. Es un mecanismo. Úsalo, pero no dejes que te use. El ego está continuamente temeroso de la muerte porque es arbitrario. De ahí su miedo. No surge de ser, porque ser es vida. ¿Cómo puede la vida tenerle miedo a la muerte? La vida no conoce la muerte.

Surge de lo arbitrario, de lo artificial, lo que se ha constituido de alguna forma, lo falso, lo *pseudo*. Y al mismo tiempo es tan fácil abandonarse a él, justo la muerte que hace que un hombre viva. Morir al ego es nacer en el ser, en Dios.

Lo nuevo es un mensajero de Dios, lo nuevo es un mensaje de su existencia. Es un evangelio. Escucha a lo nuevo, sé parte de lo nuevo. Yo sé que tienes miedo. A pesar del miedo, intégrate a lo nuevo y tu vida se enriquecerá cada vez más y algún día serás capaz de liberar el esplendor cautivo.

- **Algunas veces, luego de una experiencia de meditación, me siento muy bien, lúcido, y entonces me da miedo dejarme influir otra vez por personas que me hagan caer en mi antigua mente. ¿Podrías decirnos algo sobre las energías y las experiencias, y de cómo podemos transitar sin ser influidos por otras personas que no tienen buena energía?**

La cuestión básica que se debe recordar es que cuando te estás sintiendo bien, en un estado de ánimo de éxtasis, no empieces a pensar que ése será tu estado permanente. Vive el momento tan lleno de alegría, de modo tan festivo como te sea posible, sabiendo a la perfección que ese estado ha llegado y se irá luego, de la misma forma en que un golpe de brisa entra en tu casa, con toda su fragancia y frescura, y luego sale por la otra puerta.

Esto es lo fundamental. Si estás pensando en términos de hacer permanentes tus momentos de éxtasis, ya empezaste a destruirlos. Cuando vengan, agradece; cuando se vayan, agradece a la existencia. Permanece abierto. Pasará muchas veces; no juzgues, no elijas. Permanece sin elecciones.

Sí, habrá ocasiones en que te sentirás muy desdichado. ¡Y qué! Hay gente que se siente desdichada y que no ha conocido un solo momento de éxtasis; tú eres afortunado. Aun en tu desdicha, recuerda que no va a ser permanente; también pasará, así que no te dejes perturbar por eso. Permanece tranquilo. Así como hay día y noche, hay momentos de alegría y hay momentos de tristeza; acéptalos como parte de la dualidad de la naturaleza, como son todas las cosas.

Eres simplemente un observador: ni te conviertes en felicidad ni tampoco te conviertes en desdicha. La felicidad viene y va; la desdicha viene y va. Una cosa permanece siempre ahí —siempre, siempre— y es el observador, el que es testigo. Poco a poco, céntrate más y más en el observador. Vendrán días y vendrán noches...vidas vendrán y muertes vendrán...el éxito vendrá, el fracaso vendrá. Pero si te sitúas en el observador —porque ésa es la única realidad en ti—, todo es un fenómeno pasajero.

Sólo por un momento trata de sentir lo que te estoy diciendo. Sólo sé el observador. No te aferres a ningún momento porque sea hermoso, y no te alejes de ningún momento porque sea desgraciado. Deja de hacer eso. Eso lo has estado haciendo vidas enteras. No has tenido éxito aún y nunca tendrás éxito. La única manera de ir más allá, de permanecer más allá, es encontrar un lugar desde donde puedas observar este cambiante fenómeno sin ser identificado.

Te contaré una antigua historia sufí...

Un rey preguntó a sus sabios de la corte:

—Estoy haciendo un anillo muy hermoso para mí. Tengo uno

de los mejores diamantes. Quiero ocultar un mensaje dentro del anillo que me pueda ser útil en tiempos de gran desesperación. Tiene que ser muy pequeño para que pueda ocultarse bajo el diamante en el anillo.

Todos eran sabios, grandes eruditos; podrían haber escrito grandes tratados. Pero darle al rey un mensaje de no más de dos o tres palabras que lo ayudara en momentos de gran desesperación... Los sabios pensaron, buscaron en sus libros, pero no pudieron encontrar nada.

El rey tenía un viejo sirviente que era casi como su padre; incluso había sido el sirviente de su padre también. La madre del rey había muerto pronto y este sirviente lo había cuidado, así que al viejo no se le trataba como un sirviente. El rey le tenía inmenso respeto. El viejo dijo:

—No soy un sabio, erudito, académico, pero conozco el mensaje, porque sólo existe un mensaje. Y estas personas no te lo pueden dar; sólo lo puede dar un místico, un hombre que se ha descubierto a sí mismo. En mi larga vida en el palacio me he topado con toda clase de personas, y una vez, con un místico. Él fue también huésped de tu padre y me pusieron a su servicio. Cuando ya se iba, como un gesto de agradecimiento por mis servicios, me dio este mensaje.

Y el viejo lo escribió en un pequeño pedazo de papel, lo dobló y le dijo al rey:

—No lo leas, sólo consérvalo oculto en el anillo. Ábrelo sólo cuando todo lo demás haya fallado, cuando no haya salida.

La ocasión llegó pronto. El país fue invadido y el rey perdió su reino. Huía en su caballo para salvar su vida y los caballos de sus enemigos lo seguían. Estaba solo; eran muchos. El rey llegó a un lugar donde el camino se detenía, era un callejón sin salida; sólo había un risco y un profundo valle; caer ahí significaría el fin de todo. No podía regresar, el enemigo estaba ahí y él podía escuchar el sonido de las pezuñas de los caballos. No podía ir de frente, y no había otro camino...

De pronto recordó el anillo. Lo abrió, sacó el papel, y ahí estaba un pequeño mensaje de enorme valor; simplemente decía: «También esto pasará». Un gran silencio lo cubrió al tiempo que leía la frase: «También esto pasará».

Y pasó.

Todo pasa; nada permanece en el mundo. Los enemigos que lo seguían deben de haberse perdido en el bosque, o tomaron un camino diferente; el sonido de las pezuñas de los caballos se desvaneció lentamente hasta que ya no pudo oírse.

El rey estaba muy agradecido con el sirviente y con el místico desconocido. Esas palabras resultaron milagrosas. Dobló el papel, lo puso de nuevo en el anillo, recogió sus armas de nuevo y reconquistó su reino. Y el día en que entraba a la capital, victorioso, hubo una gran celebración por toda la ciudad, música, baile, y él se sentía muy orgulloso de sí mismo.

El viejo sirviente estaba ahí, y caminaba al lado de la carroza. Le dijo al rey:

—Esta ocasión es también propicia: mira de nuevo el mensaje.

El rey dijo:

—¿Qué quieres decir? Ahora tengo la victoria, la gente celebra. No estoy desesperado, no estoy en una situación en la que no haya salida.

El viejo dijo:

—Escucha. Esto es lo que el santo me dijo: «Este mensaje no es sólo para la desesperación; también es para el placer. No es sólo para cuando estés derrotado; es también para cuando estés victorioso: no sólo cuando eres el último, sino también cuando eres el primero».

El rey abrió el anillo, leyó el mensaje: «También esto pasará». Y de repente la misma paz, el mismo silencio, en medio de la multitud jubilosa, que celebraba, bailaba... pero el orgullo, el ego se había ido. Todo pasa.

El rey pidió a su viejo sirviente subir a su carroza y sentarse a su lado. Le preguntó:

—¿Hay algo más? Todo pasa... Tu mensaje ha sido de inmensa ayuda.

El viejo respondió:

—La tercera cosa que el santo dijo fue: «Recuerda, todo pasa. Sólo tú permaneces; permaneces para siempre como testigo».

Ésta es, pues, la respuesta a tu pregunta: todo pasa, sólo tú permaneces. Tú eres la realidad; todo lo demás es un sueño. Los sueños hermosos están ahí, las pesadillas están ahí... Pero no importa si es un sueño hermoso o una pesadilla; lo que importa es aquel que está viendo el sueño. Ese ser es la única realidad.

En Oriente no tenemos nada parecido a la filosofía. Los sabios han traducido la palabra oriental «darshan», que significa *mirar*, por «filosofía», al no encontrar otra forma de capturar su significado. Pero ambas palabras no se relacionan: filosofía es pensar, no mirar. Un ciego puede pensar en luz, pero no puede verla; el hombre con ojos sanos puede ver la luz, no tiene necesidad de pensar en ella. En Oriente no hay nada comparable a la filosofía; en Occidente no hay nada comparable a *darshan*. He acuñado mi propio término para traducir *darshan*, y es «filosia». «Filo» significa *amor*, y «sia» significa *ver*. «Sofía» significa *pensamiento*, «sia» significa *visión*. Y todo el Oriente ha estado trabajando en una sola dimensión durante siglos: cómo encontrar al ser. Tú no puedes ir más allá de él; es lo supremo. Todo está enfrente de él; está detrás de la realidad, y todo continúa cambiando...

Tú eres un niño, llegarás a joven, envejecerás. Estás vivo, estarás muerto, todo va cambiando.

Pero el que ve es algo absolutamente eterno.

Sólo un pequeño vistazo al ser y todos tus problemas empezarán a desaparecer porque surgirá una perspectiva totalmente nueva: una nueva visión, una nueva forma de vida, una nueva forma de ver las cosas, de ver a la gente, de responder a las situaciones. Y el que ve está siempre presente, veinticuatro horas al día; lo que hagas o no hagas, está ahí. Ha estado ahí durante siglos, una eternidad, esperando que tú lo notes.

Quizá porque siempre ha estado ahí, tú lo has olvidado. Lo obvio siempre se olvida. Recuérdalo cuando te sientas bien, eufórico; recuérdalo cuando te sientas desdichado, angustiado. Recuérdalo en todos los climas, en todos los estados de ánimo, continúa recordándolo. Pronto serás capaz de permanecer centrado en él, ya no habrá necesidad de recordar.

Y ése es el día más grande en la vida de uno. Ese día te conviertes en un iluminado. Ese día despiertas. El día en que Zorba se convierte en un Buda.

CUATRO

Crea tu camino andando

Cuando ves un hermoso atardecer, disfrutas su belleza... cuando veas un buda, disfruta la belleza del hombre, su autenticidad, disfruta el silencio, la verdad que el hombre ha encontrado, pero no te vuelvas un seguidor. Todos los seguidores están perdidos. Sigue siendo tú mismo... porque este hombre, Buda Gautama, ha encontrado porque ha seguido siendo él mismo. Todos esos bellos nombres: Lao Tse, Chuang Tse, Lie Tse, Bodhidharma, Nagarjuna, Pitágoras, Sócrates, Heráclito... todos esos bellos nombres que han sido una gran inspiración para muchas personas jamás fueron ellos mismos inspirados por nadie. Así fue como protegieron su originalidad; así es como siguieron siendo ellos mismos.

- **Anarquía significa simplemente ausencia de autoridad, que es hermosa. Pero en el lenguaje común tiene el sentido de ausencia de disciplina. ¿Por qué la confusión? ¿Podrías hablar de la disciplina, en especial de su relación con la rebelión?**

«Anarquía» es una de las palabras más bellas del lenguaje humano. Sí, significa ausencia de autoridad. Significa que eres aceptado como un individuo independiente; ya no eres un esclavo.

Tu pregunta es: ¿Por qué, en la mente de las personas, ha tomado la anarquía la connotación de ausencia de disciplina? Es un fenómeno psicológico muy simple. Toda la disciplina que ustedes han conocido les fue impuesta por la autoridad. La autoridad de los padres los disciplinó: qué comer, qué no comer, cuándo comer, cuándo irse a dormir y cuándo levantarse. Qué hacer y qué no hacer nunca quedó a su propia decisión. Los padres fueron su primera autoridad, así como Dios Padre fue la primera autoridad para Adán y Eva. Él era el padre, ellos los hijos, y él les decía que no comieran del árbol del conocimiento, que no comieran del árbol de la vida eterna. La autoridad impone disciplina.

Luego están los maestros en la escuela, el sacerdote en la iglesia, en el templo, el rabí en la sinagoga, y son figuras autoritarias. Hay que hacer lo que ellos dicen; de otro modo habrá algún castigo aquí o después de la muerte.

Naturalmente, la autoridad y la disciplina se asocian una con otra. Así, cuando una autoridad es removida, se cree que no hay necesidad de disciplina.

La realidad es que cuando la autoridad es removida hay una verdadera necesidad de disciplina. Ya no hay nadie que les imponga una orden; es responsabilidad de ustedes llevar una vida de orden, de disciplina. ¿Por qué? Porque alguien que vive sin orden empieza a caer en pedazos. Su vida comienza a perder armonía. Un hombre que no conoce la disciplina vive una vida que no se puede llamar humana en verdad; regresa al mundo del reino animal.

La disciplina nos hace integrados, nos da cierta cristalización. Y sin esa cristalización no podemos ser más conscientes. La autoridad es esclavitud para nosotros. La disciplina es llevar una vida orgánica, armoniosa.

Basta con ver cómo la autoridad ha destruido a la humanidad a lo largo de las épocas. Comencemos desde el principio... Fue la orden autoritaria de Dios de que Adán y Eva no comieran de esos dos árboles del conocimiento y la vida eterna. ¿Cuál fue el resultado? El resultado fue la desobediencia. Cualquier obediencia impuesta crea en nosotros, si tenemos arrestos, desobediencia. Queremos hacer exactamente lo opuesto.

Cuando leí por vez primera la historia de Adán y Eva y su expulsión, fui con mi padre y se la mostré.

—¿Por qué me la muestras? —preguntó.

—Te la muestro para que entiendas: nada de debes ni de no debes; de otro modo voy a desobedecer. Ni Dios pudo lograrlo; tú no podrás lograrlo. La historia es clara.

—¡Vaya que sacas conclusiones extrañas! —contestó—. La historia se cuenta para que la gente no desobedezca, y tú sacas la conclusión de que dice que la gente no debe ser autoritaria.

—Es absolutamente claro —respondí—, porque en el Jardín del Edén había miles de árboles: si Dios no hubiera sido tan tonto, no creo que aún a esta hora Adán y Eva hubieran encontrado el árbol del conocimiento y el árbol de la vida. Él es responsable de que desobedecieran, y si a alguien hubiera que castigar, sería a Dios. Por eso te digo que si quieres que haga algo, voy a hacer lo opuesto, cualesquiera que sean las consecuencias. Tal vez me dañe, tal vez te dañe a ti, tal vez a alguien, pero una cosa es segura: la obediencia no será mi forma de vida. Claro que puedes aconsejarme, pero la elección siempre será mía, hacer o no hacer.

Toda mi familia se veía en un problema constantemente. Y era natural...

En mi ciudad había un río muy hermoso. Pero era un río montañoso, así que con las lluvias se ponía grande, enorme, y en verano se empequeñecía. Con las lluvias la corriente era tan rápida que cruzarlo a nado era casi invitar a la muerte. Pero le dije a mi padre:

—Ese río es un reto constante para mí. Así que estoy listo... aun si viene la muerte, voy a cruzarlo cuando sea más caudaloso.

Entonces alcanza casi mil quinientos metros de ancho, y cruzarlo lleva tres, cuatro horas. Y la corriente es tan poderosa que no se puede cruzar directamente: lo empuja a uno hacia el fondo, así que cuando uno llega a la otra orilla —si sobrevive—, lo hace a casi ocho, diez kilómetros corriente abajo. Entonces hay que caminar veinte kilómetros de vuelta hacia el punto de partida.

—No lo hagas —dijo mi padre.

—No me estás aconsejando —contesté—, me estás ordenando. Lo voy a hacer.

Toda mi familia estaba en un torbellino.

—Eres muy chico, y es peligroso. Nadie lo ha intentado nunca; ni los mejores nadadores de la ciudad se han atrevido.

Fui en contra de toda la familia. Incluso me amenazaron con no dejarme entrar a la casa si sobrevivía.

—Está bien —dije—. Me quedaré sentado afuera.

Fue difícil. Hubo momentos en los que pensé: «Tal vez no es posible llegar a la otra orilla». Fue arduo, extenuante, pero lo logré. Y luego tuve que caminar veinte kilómetros corriente arriba.

Regresé al anochecer. No entré en la casa, me senté en los escalones. Todos estaban asombrados de verme, de que hubiera vuelto con vida.

—¿Por qué no entras? —preguntó mi madre.

—Pusiste la condición de que aun si sobrevivía no me dejarías entrar. Por eso me quedo en los escalones. Si tienes alguna objeción, me puedo sentar en la calle.

Llegó mi padre y me llevó dentro.

—Lo sentimos —dijo—. Nunca esperamos que lo lograrías. No sabes en qué agonía estuvimos todo el día.

—Pero el éxtasis que he sentido... en comparación con él, la agonía de ustedes no significa nada. Mi sugerencia es que la próxima vez vengan conmigo. Todos mis tíos están invitados. Es un trabajo tremendo, pero una vez que está hecho, algo cristaliza en uno. ¡Me siento más fuerte que nunca!

En la escuela yo era un problema constante, porque no creía en ninguna autoridad.

Desde la niñez he amado los sombreros, pero en la escuela tuve que dejar de usarlos porque eran obligatorios; uno no podía ir a la escuela sin sombrero.

—¡Pero te encantan los sombreros! —decían en mi familia.

—Sí, pero amo más la libertad... ¡aún más que a mi cabeza! —respondía—. Si tuviera que perder la cabeza, lo haría de buen grado, pero no puedo perder mi libertad. El director de la escuela me ha llamado a verlo mañana, y estoy muy emocionado por el encuentro.

El director pensaba que bastaría con amenazarme para arreglar las cosas. Entré a su oficina y le dije:

—Antes de que empiece a amenazarme, y sé que ha usado castigos corporales, si me hace algún daño, iré directamente a la estación de policía. El castigo corporal ha sido prohibido, es ilegal: usted se meterá en un problema innecesariamente. No quiero meterlo en problemas. Así pues, en primer lugar, deje lo que había pensado. De hombre a hombre, discutamos todo este problema. Si puede convencerme... me encantan los sombreros, pero si simplemente me lo ordena, no hay forma de que los use. ¿Qué relación tiene un sombrero con la educación? ¿Incrementa la inteligencia de una persona? —pregunté.

—Nunca había pensado en esas preguntas —repuso.

—Entonces piénselo, e investigue; consulte a autoridades superiores. Tiene que demostrar que el sombrero tiene alguna relevancia. He venido a la escuela a recibir educación. Si el sombrero ayuda a la inteligencia, estoy perfectamente dispuesto a usarlo. Pero tendrá que demostrarlo.

La realidad es que en India los punyabíes son los únicos que siempre usan un tocado en la cabeza. Llevan turbante: es parte de su religión. El sij tiene que usarlo, de otro modo no es sij. Y tienen fama de ser los menos inteligentes de todo el país. Los bengalíes no usan sombreros, ni gorras, y tienen fama de ser los más inteligentes de la nación. Ni un solo punyabí ha llegado a ser eminencia mundial por su inteligencia. No han logrado premios Nobel. En cambio, los bengalíes han alcanzado fama mundial. Han logrado premios Nobel de ciencias, de literatura, y otros galardones.

—Lo que eso demuestra —le dije al director—, es que los turbantes previenen la inteligencia en los pobres sijs. Los bengalíes, sin gorras, turbantes ni sombreros, parecen tener la mente más fresca, son más inteligentes. Han creado la mejor literatura de toda India, la mejor poesía, el mejor arte, y su lengua es una belleza. Hasta cuando dos bengalíes riñen, no se puede pensar que están luchando, tan dulce es su lengua.

El director dijo:

—Te llamaré cuando haya resuelto esto, pero pareces ser un caso difícil.

—Es cierto —respondí—. Pero llámeme sólo cuando tenga pruebas suficientes.

Seguí en la escuela sin cubrirme la cabeza. Naturalmente, muchos otros estudiantes dejaron de usar tocados. Un día el director me llamó y dijo:

—¡Esto es demasiado! No llevas sombrero y propagas una especie de rebelión, desobediencia. Ahora otros no llevan tocado.

—Yo no le he dicho nada a nadie —respondí—; llevar sombrero o no es su libertad. Una cosa es cierta: no ha presentado usted ningún argumento para demostrar que ayude a la inteligencia. ¡A usted podría decirle que no use sombrero! No lo dignifica. ¿Por qué destruye su inteligencia sin ninguna razón?

Yo solía llevar al colegio una larga túnica, ceñida con un lungui, como se acostumbra en India, y sin botonadura, así que el pecho iba descubierto. Y yo era muy saludable y robusto, de noventa kilos de peso.

—Venir desabotonado al colegio va en desacuerdo con el código de vestido —me dijo el director.

—Entonces cambie el código —respondí—, porque mi pecho necesita aire fresco. Y yo decido según mis necesidades, no según la idea de etiqueta que tenga nadie.

En mi primer año en el colegio gané la competencia universitaria nacional de debate, y el profesor a cargo —Idrabahadur Khare, ya fallecido— era un hombre que vestía con mucha corrección. Todo en él era propio. Me llevó a un estudio fotográfico cerca del colegio, porque querían mandar mi foto a los periódicos y revistas, y en particular a la revista del colegio: yo había ganado una competencia nacional y era apenas un estudiante de primer año. Pero estuvo muy tenso en todo el camino al estudio. Cuando entramos, dijo:

—Discúlpame, pero sin botones, ¿cómo se verá tu fotografía?

—¡Se verá exactamente como soy! —contesté—. Usted no ganó el debate, lo gané yo. Y cuando estaba debatiendo no tenía botones, así que, ¿cuál es el problema ahora? ¡Si puedo ganar el debate sin botones, entonces mi fotografía tiene que ser sin botones!

—Haz una cosa —dijo. Era un hombre muy pequeño—. Puedes tomar mi abrigo, te quedará. Póntelo sobre la túnica y te verás muy bien.

—Entonces mejor párese usted aquí y que todo sea muy propio. Que se envíe esa foto.

—Eso no se puede hacer —respondió—. Sería simplemente objetable. El director diría: «Esa es la fotografía de usted, y...».

Entonces dije:

—Tiene que recordar esto: mi fotografía tiene que ser como yo. No puedo usar su abrigo. O la fotografía va sin botones, o no estoy interesado en ella. Usted decida.

Tuvo que decidirse por algo muy impropio.

—Nunca he hecho nada impropio, y nunca permití a nadie hacer algo impropio. Pero tú pareces extraño.

—¡Esto no es impropio! —dije—. Todos los niños nacen desnudos: eso es propio. Todos los animales están desnudos, y eso es propio. Pero hay personas adictas a lo apropiado...

He escuchado que en la época victoriana en Inglaterra, las damas ponían ropa a los perros porque no era propio de una dama tener un perro desnudo. Y el perro no sabe de etiqueta: si encuentra a una dama de su especie, puede tener una erección, lo cual es muy impropio en público. Incluso podría tratar de hacer el amor... ¡en público! No, hay que cubrirlo por completo. No podía tener una erección en público, ni hacer el amor, por la ropa. Y se sorprenderían ustedes: hasta las patas de las sillas tenían que forrarse... porque son «piernas», y las piernas de una dama no deberían mostrarse. La estupidez no conoce límites.

He luchado contra la autoridad toda mi vida. Pero nunca he olvidado la diferencia: al contrario, mientras más he luchado contra alguien que imponga su autoridad, más he intentado ser disciplinado yo mismo. Como ahora estoy solo y nadie puede disciplinarme, tengo que disciplinarme a mí mismo; de otro modo comenzaría a desmoronarme, no sería capaz de tener una individualidad integrada.

Creo en la disciplina.

La palabra «disciplina» es muy bella. Viene de una raíz que significa *aprendizaje*: un hombre de disciplina es un hombre que siempre aprende, que siempre está dispuesto a aprender. Es un hombre que siempre está abierto a aprender sin prejuicio, sin conclusiones preconcebidas. Un fanático no puede aprender. Un cristiano no puede aprender, tampoco un hindú, un budista. Ya han aceptado conclusiones sin ninguna experiencia. Son personas cerradas.

Disciplina significa *permanecer* abierto. Viene de la misma raíz que discípulo. Un discípulo es alguien dispuesto a aprender. Un discípulo significa alguien que no está fanatizado, que no está prejuiciado, que no tiene creencias no experimentadas, que sabe lo que sabe y lo que no sabe. Lo tiene muy claro. Y cuando no hay autoridad sobre ti, entonces tú eres la autoridad: una tremenda responsabilidad, una gran libertad.

- **Alguna vez dijiste que éste es un mundo muy hermoso, pero que está en las manos equivocadas. Coincido con todo mi ser. Lo siento así. Pero, ¿cómo podemos detener a esas manos codiciosas que torturan a la naturaleza y esclavizan a los seres humanos si no luchamos y las combatimos? ¿Es necesario destruir lo viejo para construir lo nuevo?**

Esa es una de las trampas más viejas en las que el hombre ha caído una y otra vez. Sí, digo que el mundo es muy hermoso, pero está en las manos equivocadas: de inmediato tu mente empieza a pensar cómo destruir a esas personas equivocadas, cómo arrebatar al mundo de las manos de esas personas. Más que transformarte a ti mismo, más que transformar tu propia mente, de inmediato comienzas a pensar en términos de política. Yo hablo de religión y tú de inmediato lo interpretas en política.

Y parece lógico, porque parece perfectamente correcto. «¿Cómo podemos detener a esas manos codiciosas que torturan la naturaleza y esclavizan a los seres humanos si no luchamos y las combatimos?». Pero, si luchas y combates, ¿crees que podrás transformar el mundo y su situación? Al combatir te volverás como esas personas contra las cuales combates; ésa es una de las leyes fundamentales de la vida. ¡Elige con cuidado a tus enemigos! A tus amigos puedes elegirlos sin cautela. No hay necesidad de preocuparse por los amigos porque ellos no tienen tanto impacto en ti como el enemigo. Uno tiene que ser muy cauteloso con el enemigo porque tendrá que combatirlo. Al combatir, tendrá que usar las mismas estrategias, las mismas tácticas, y las usará durante años y años. Y ellas lo condicionarán. Así es como ha ocurrido a lo largo de las eras.

José Stalin resultó un zar mucho más peligroso que los zares que habían gobernado a Rusia antes de que los comunistas tomaran el poder. ¿Por qué? Porque había aprendido la estrategia de los zares. Al combatirlos, tuvo que aprender sus métodos y modos, los mismos que ellos usaban. Pasó toda la vida combatiendo, practicando la violencia; para el tiempo en que llegó al poder, era un zar, obviamente más peligroso, porque había triunfado contra los zares. Debió ser más astuto, más violento, más ambicioso y maquiavélico que ellos. De otro modo le habría sido imposible vencerlos.

E hizo lo mismo que un zar en mucho mayor escala: ¡derrotó a todos los zares! Todos los zares juntos nunca habían cometido tanta violencia, tanto asesinato, como José Stalin cometió. Había aprendido la lección tan bien que se sospecha que el líder de la revolución, Lenin, fue envenenado poco a poco por Stalin, en nombre de la medicina. Estaba enfermo, y en nombre de la medicina fue lentamente envenenado y asesinado. Si Lenin estaba allí, Stalin habría sido el hombre número tres, porque había otro, León Trotsky, que era el número dos. Así que lo primero era cómo destruir a Lenin —lo mató— y lo segundo, cómo matar a Trotsky. Después tomó el poder, y una vez en el poder comenzó a matar a todo el mundo. Todos los miembros del Politburó, los líderes comunistas de mayor rango, fueron eliminados a la larga por Stalin. Como todos conocían las estrategias, había que suprimirlos.

Esto ha pasado con todas las revoluciones en el mundo.

Ahora bien, cuando digo que es un mundo hermoso que está en las manos equivocadas, no quiero decir que empiecen a luchar y a combatir esas manos equivocadas. Lo que quiero decir es que por favor no sean ustedes esas manos equivocadas, eso es todo.

Yo no enseño revolución, enseño rebelión, y la diferencia es grande. La revolución es política, la rebelión es religiosa. La revolución necesita que la gente se organice en un partido, en un ejército, y combata a los enemigos. La rebelión significa que se rebelen como individuos, que simplemente se salgan de todo este asunto. Por lo menos no deben destruir la naturaleza.

Y si más y más personas se vuelven desertores, el mundo puede salvarse. Ésa sería una verdadera revolución... no política; sería espiritual. Si más y más personas salieran de la vieja mentalidad y sus formas, si más y más personas se volvieran amorosas, no ambiciosas, no codiciosas, si dejaran de interesarse en la política del poder, en el prestigio, en la respetabilidad...

De eso se trata el sannias. Sannias es salir del viejo y gastado juego y vivir tu vida por ti mismo. No es una lucha contra lo viejo, es simplemente salir de las tenazas de lo viejo... y ésa es la única forma de debilitarlo, de destruirlo. Si millones de personas en el mundo sencillamente salen de las manos de los políticos, éstos morirán por sí mismos. No puedes combatirlos. Si los combates, te vuelves un político tú mismo. Si luchas contra ellos, te vuelves ambicioso y codicioso también; eso no va a ayudar.

Sé un desertor. Y tienes una vida breve: tal vez estés aquí cincuenta, sesenta años, no puedes esperar que seas capaz de transformar el mundo, pero puedes esperar que aún puedas disfrutar y amar el mundo.

Usa la oportunidad de esta vida para celebrar tanto como sea posible. No la desperdicies en luchar y combatir.

No estoy creando aquí una fuerza política, no, de ninguna manera. Todas las revoluciones políticas han fracasado tan absolutamente que sólo los ciegos pueden seguir creyendo en ellas. Los que tienen ojos están destinados a enseñarles algo nuevo. ¡Esto es algo nuevo! También se ha hecho antes, pero no en gran escala. Tenemos que hacerlo en gran escala: ¡millones se han vuelto desertores! Por desertores no quiero decir que dejen la sociedad y se vayan a las montañas. Vivan en la sociedad, pero dejen las ambiciones, la codicia, el odio. Vivan en la sociedad y sean amorosos, y vivan en la sociedad como un *nadie*.

Ésa es la pura esencia del sannias: vivir como un *nadie*, sin codicia, sin ambición. Y entonces pueden disfrutar y pueden celebrar. Y al celebrar y disfrutar transmitirán las ondas del éxtasis a otras personas.

Podemos cambiar el mundo entero, pero no mediante la lucha: no esta vez. ¡Basta ya! Tenemos que cambiar este mundo celebrando, danzando, cantando, por medio de la música, de la meditación, del amor, no de la lucha.

Lo viejo tiene que cesar para que lo nuevo sea, pero, por favor, no me malinterpreten.

El que pregunta es italiano, y la Italia moderna es en realidad demasiado política; todo el pensamiento es político. Toda la mente italiana está obsesionada con la política. Tal vez una de las razones es que están hartos del Vaticano y del papa y todas esas tonterías. Han visto demasiado de eso y se han ido al otro extremo.

Sin duda lo viejo tiene que cesar, pero lo viejo está dentro de ustedes. No fuera. No hablo de la vieja estructura de la sociedad; hablo de la vieja estructura de su mente, que tiene que cesar para que lo nuevo sea.

Y una persona sola que abandona la vieja estructura de la mente crea un espacio tan grande para que muchos transformen su vida, que es increíble, inimaginable. Una sola persona que se transforme a sí misma se vuelve un disparador; entonces muchas más comienzan a cambiar. Su presencia se vuelve un agente catalizador.

Ésta es la rebelión que enseño: sal de la vieja estructura, de la vieja codicia, del viejo idealismo. Vuélvete una persona silenciosa, meditativa, amorosa; permanece más en la danza, y luego observa qué ocurre. Alguien, tarde o temprano, se unirá a la danza contigo, y luego más y más personas. Así es como ha ocurrido aquí.

Lao Tse dice que no necesitas salir de tu habitación; todo puede ocurrir viviendo dentro de ella. Pero Lao Tse tuvo que salir. Solía trasladarse en su búfalo de una aldea a otra. Simplemente he seguido su consejo: nunca salgo de mi habitación. Sólo vivo en mi habitación, y todos ustedes vienen de distintos confines del mundo. ¡Es un milagro! ¿Por qué han venido? Y muchos más están en camino; pronto llegarán. Este lugar va a convertirse en una fuerza tremenda en el mundo, una fuerza transformadora. Va a transformarse en una explosión espiritual... pero no vamos a combatir a nadie ni a luchar contra nadie.

No tengo inclinaciones políticas. Estoy por completo en contra de la política. Sí, lo viejo tiene que cesar para que lo nuevo sea; pero lo viejo tiene que cesar *dentro de ti*, y entonces lo nuevo estará allí. Y una vez que esté dentro de ti, lo nuevo es infeccioso, contagioso; comienza a extenderse hacia otras personas.

¡La alegría es contagiosa! Ríe y verás que otros empiezan a reír. Así ocurre con la tristeza: ponte triste y alguien que mire tu cara larga de pronto entristece. No estamos separados, estamos juntos, así que cuando el corazón de alguien empieza a reír otros corazones son tocados... a veces incluso corazones muy lejanos.

Ustedes han llegado de esos lugares lejanos; de algún modo mi risa ha llegado a ustedes, mi amor ha llegado a ustedes. De algún modo, en alguna forma misteriosa, mi ser ha tocado su ser y han venido aquí contra todas las dificultades. Mil y una dificultades se están creando, y se crearán más y más. Aunque no lucho contra nadie, los que están en el poder temen porque no pueden creer que haya un hombre que no tenga inclinaciones políticas. No pueden creer que haya un hombre capaz de atraer a miles de personas y que no use el poder de esas personas para lograr algún poder político, para alcanzar estatus político. ¡No pueden creerlo! ¿Cómo pueden creerlo? Sólo pueden entender la forma que ellos entienden.

Así pues, los políticos tienen miedo y crean toda clase de barreras, pero eso no va a detener a nadie. De hecho, ¡eso me ayudará tremendamente! Se volverá un reto para todas las personas valerosas. Podrá detener a unos cuantos cobardes, y es bueno que los detenga porque no servirán de nada aquí. De hecho, será una especie de filtro: sólo las personas que puedan ser beneficiadas por mí llegarán aquí. Así que es bueno; cualquier obstáculo que se estén creando es bueno.

Pero no los enseño a luchar contra nada. Siempre que luchan contra cualquier cosa se vuelven reaccionarios... porque es una reacción: ustedes se obsesionan con algo, están contra ello. Y hay todas las posibilidades de que aquello a lo que se oponen los domine... tal vez en forma negativa, pero los dominará.

Friedrich Nietzsche estaba en contra de Jesucristo. Pero mi propio análisis de Nietzsche es que estaba demasiado impresionado por Jesucristo, precisamente porque estaba en contra de él. Estaba obsesionado; en realidad trataba de convertirse en Jesucristo por derecho propio. Su gran libro, *Así habló Zaratustra*, es un esfuerzo por crear un nuevo evangelio. El lenguaje que emplea, las metáforas que utiliza, la poesía que usa, sin duda recuerdan a Jesucristo, y Nietzsche estaba en contra de él. Nunca se le escapó una ocasión: si podía condenar a Jesús, lo hacía de inmediato, pero hace que uno recuerde a Jesús una y otra vez. Estaba obsesionado.

Cuando enloqueció, en la última fase de su vida, incluso comenzó a firmar sus cartas como «Anticristo Friedrich Nietzsche». No podía olvidar a Cristo, ni siquiera cuando se volvió loco. Primero escribía «Anticristo» y luego firmaba. Se puede ver la obsesión, los grandes celos hacia Jesucristo que dominaron su vida. Destruyeron su inmensa creatividad. Pudo haber sido un rebelde, pero se redujo a un reaccionario. Pudo haber traído algo nuevo al mundo, pero no pudo. Permaneció obsesionado con Jesús.

Yo no estoy en contra de nada ni de nadie. No quiero que ustedes se liberen *de* algo; simplemente quiero que sean libres. Vean la diferencia: liberarse *de* nunca es total: ese «de» los mantiene atrapados en el pasado. Liberarse *de* no puede ser libertad verdadera. Tampoco liberarse *para* puede ser libertad verdadera; es una búsqueda de una nueva esclavitud. Y estos liberarse *de* y liberarse *para* siempre van juntos, como dos caras de la misma moneda.

Lo que enseño es libertad simple, ni *de* ni *para*: sólo libertad; ni contra el pasado ni para el futuro, sino sólo estar en el presente.

- **Mis padres están decepcionados de mí; se preocupan todo el tiempo. Ellos han hecho posible que yo esté aquí; ¿cómo puedo volverme contra ellos? ¿Qué es lo que les debo?**

El problema con la familia es que los hijos crecen y dejan atrás la infancia, pero los padres nunca crecen y dejan atrás la paternidad. El hombre no ha aprendido aún que la paternidad no es algo a lo que haya que aferrarse para siempre. Cuando el hijo es una persona adulta, la paternidad ha terminado... El hijo la necesitaba; estaba indefenso. Necesitaba a la madre, al padre, su protección; pero cuando puede valerse por sí mismo, los padres tienen que aprender a retirarse de la vida del hijo. Y como los padres nunca se retiran de la vida del hijo, se mantienen como una constante ansiedad para ellos mismos y para los hijos. Destruyen, crean culpas; no ayudan más allá de cierto límite.

Ser padre es un gran arte. Dar nacimiento a hijos no es nada: cualquier animal puede hacerlo; es un proceso natural, biológico, instintivo. No es nada grandioso ni especial; es muy ordinario.

Pero ser padre es algo extraordinario; muy pocas personas son en verdad capaces de ser padres.

Y el criterio es que los verdaderos padres dan libertad. No se imponen al hijo, no se enquistan en el espacio de él. Desde el principio su esfuerzo será para ayudarlo a ser él mismo o ella misma. Están para apoyar, para fortalecer, para alimentar, pero no para imponer sus ideas, para dar los debes y los no debes. No están para crear esclavos.

Pero eso es lo que los padres en todo el mundo siguen haciendo: todo su esfuerzo es por cumplir sus ambiciones a través del niño. Desde luego, nadie ha sido nunca capaz de colmar sus ambiciones, así que cada padre está en una confusión. Sabe que la muerte se acerca cada día, puede sentirla crecer cada vez más y que su vida se acorta... y sus ambiciones aún no están satisfechas, sus deseos aún no se cumplen. Sabe que ha sido un fracaso. Tiene perfectamente claro que va a morir con las manos vacías. Así como ha venido, con las manos vacías, así se irá.

Ahora todo su esfuerzo está en cómo implantar sus ambiciones en el niño. Él se irá, pero el hijo vivirá de acuerdo con él. Lo que él no fue capaz de hacer, lo hará el hijo. Eso no va a ocurrir. Todo lo que ocurrirá es que el hijo quedará tan insatisfecho como el padre, y que él hará lo mismo a sus hijos. Esto continúa de generación en generación. Continuamos heredando enfermedades; continuamos infectando a los hijos con nuestras ideas, que no resultaron válidas en nuestra propia vida.

Alguien ha vivido como cristiano, y su vida puede mostrar que no ha alcanzado la dicha a través de ello; alguien ha vivido como hindú, y se puede ver que su vida es un infierno, pero esas personas quieren que sus hijos sean hindúes, cristianos o mahometanos. ¡Qué inconsciente es el hombre!

He escuchado:

Un hombre muy triste y afligido visitó a un médico en Londres. Esperaba turno en un sillón en la sala de espera, sombrío y sin hacer caso a los demás pacientes. Por fin, el médico le indicó que entrara al consultorio, donde, después de un examen cuidadoso, el hombre parecía más serio, triste y abatido que nunca.

—En realidad no le pasa nada —explicó el doctor—. Sólo está usted deprimido. Lo que necesita es olvidarse del trabajo y de sus preocupaciones. ¡Vaya a ver una película de Charlie Chaplin y ríase con ganas!

Una expresión triste se extendió por el rostro del hombre.

—Pero... ¡yo soy Charlie Chaplin! —exclamó.

¡Es un mundo extraño! Uno no conoce la vida real de las personas; todo lo que percibimos son sus máscaras. Los vemos en las iglesias, en los clubes, en los hoteles, en los salones de baile, y parece que todo el mundo se divierte, que todos llevan una vida celestial, excepto uno... por supuesto, porque uno sabe cuán miserable se siente por dentro. ¡Y lo mismo ocurre con todos los demás! Todos llevan máscaras, engañan a todos, pero, ¿cómo puede uno engañarse a sí mismo? Uno sabe que la máscara no es su rostro original.

Sin embargo, los padres insisten en simular delante de sus hijos, en engañar a sus propios hijos. ¡Ni siquiera con sus hijos son auténticos! No confesarán que su vida ha sido un fracaso; por el contrario, fingirán que han sido muy exitosos. Y les gustaría que sus hijos vivieran en la misma forma que ellos lo han hecho.

Dices: «Mis padres están decepcionados de mí...». No te preocupes en absoluto: ¡todos los padres están decepcionados de sus hijos! Y digo todos, sin excepción. Aun los padres de Buda Gautama estaban muy decepcionados de él; los padres de Jesucristo estaban muy decepcionados de él, obviamente. Habían llevado cierta clase de vida —eran judíos ortodoxos— y este hijo, este Jesús, se volvió contra muchas ideas y convenciones tradicionales. El padre de Jesús, José, debió de haber esperado que, como él estaba envejeciendo, el hijo lo ayudaría en la carpintería, en su trabajo... ¡y el estúpido hijo se pone a hablar del reino de Dios! ¿Creen ustedes que fue feliz en su vejez?

El padre de Buda Gautama era muy anciano y tenía un solo hijo, que nació cuando él ya era viejo. Toda su vida esperó, oró y rindió culto, y había hecho toda clase de rituales religiosos para poder tener un hijo, porque, ¿quién iba a cuidar de su gran reino? Y entonces, un día, el hijo desapareció del palacio. ¿Creen ustedes que se alegró? ¡Se enojó tanto, de modo tan violento, que habría matado a Buda Gautama si lo hubiera encontrado! Su policía, sus detectives buscaron por todo el reino.

—¿Dónde está? ¡Tráiganlo a mí! —les ordenó.

Y Buda lo sabía, que sería atrapado por los agentes de su padre, así que lo primero que hizo fue cruzar la frontera del reino de su padre; escapó a otro reino y durante doce años no se supo nada de él.

Cuando se volvió un iluminado, regresó a su tierra para compartir su alegría, para decir a su padre:

—He venido a casa. He despertado. He conocido la verdad, y éste es el camino.

Pero el padre estaba tan furioso que temblaba y se estremecía: era muy, muy viejo.

—¡Me has deshonrado! —gritó. Vio a Buda frente a él, con una túnica de pordiosero y una bandeja para pedir limosna—. ¿Cómo te atreves a presentarte ante mí como un pordiosero! ¡Eres el hijo del emperador, y en nuestra familia nunca ha habido un pordiosero! ¡Mi padre fue emperador, su padre lo fue también, y durante siglos fuimos emperadores! ¡Has deshonrado a todo nuestro linaje!

Buda escuchó durante media hora sin decir palabra. Cuando su padre quedó sin aliento y se enfrió un poco... le rodaban lágrimas por las mejillas, lágrimas de rabia y frustración. Entonces Buda dijo:

—Sólo te pido un favor. Por favor límpiate las lágrimas y mírame: no soy la misma persona que se fue de la casa. Estoy transformado por completo, pero tus ojos están tan llenos de lágrimas que no puedes ver. ¡Aún le hablas a alguien que ya no existe! Ha muerto.

Esto provocó más indignación.

—¿Estás tratando de enseñarme? —dijo el padre—. ¿Crees que soy tonto? ¿No puedo reconocer a mi propio hijo? ¿Mi sangre corre por tus venas, y no puedo reconocerte?

—Por favor no me entiendas mal. El cuerpo sin duda te pertenece, pero no mi consciencia. Y mi consciencia, no mi cuerpo, es mi realidad. Tienes razón: tu padre fue un emperador y su padre también, pero hasta donde yo conozco de mí mismo yo fui un pordiosero en mi vida pasada y en la anterior también, porque he estado buscando la verdad. Mi cuerpo ha venido a través de ti, pero tú has sido sólo un conducto. Tú no me creaste; has sido un medio, y mi consciencia nada tiene que ver con tu consciencia. Lo que digo es que ahora he venido a casa con una nueva consciencia. He experimentado un renacimiento. ¡Mírame nada más, mira mi alegría!

El padre miró al hijo sin creer en lo que oía. Pero una cosa era cierta sin duda: estaba furioso, pero el hijo no había reaccionado en absoluto. Eso era nuevo por completo; él conocía a su hijo. Si hubiera sido la persona anterior, se habría enfurecido tanto como el padre... o aún más, porque era joven y su sangre era más ardiente que la del padre. Pero no estaba enojado, había absoluta paz en su rostro, un gran silencio. No estaba perturbado ni se inmutaba por la ira de su padre. Éste lo había ofendido, pero al parecer nada lo había afectado. Se secó las lágrimas de los ojos, volvió a mirar, y vio la nueva gracia...

Tus padres estarán decepcionados de ti porque deben de haber estado tratando de cumplir algunas expectativas a través de ti. Ahora que te has vuelto un sanniasin, todas sus expectativas han caído al suelo. Es natural que estén decepcionados. Pero no te sientas culpable por ello; de otro modo destruirás tu alegría, tu silencio, tu crecimiento. Sigue tranquilo, despreocupado. No sientas culpa. Tu vida es tuya y tienes que vivir de acuerdo con tu propia luz.

Y cuando hayas arribado a la fuente de luz, a tu dicha interior, ve a ellos para compartir. Estarán enojados... espera, porque el enojo no es permanente; viene como una nube y pasa. ¡Espera! Ve allá, ve con ellos, pero sólo cuando estés seguro de que puedas permanecer calmado, sólo cuando sepas que nada creará una reacción en ti, que serás capaz de responder con amor aun cuando ellos estén enojados. Ésa será la única forma de ayudarlos.

Dices: «Se preocupan todo el tiempo». ¡Eso es asunto de ellos! Y no creas que si hubieras seguido sus ideas no se habrían preocupado. De todos modos se habrían preocupado; es su condicionamiento. Tus padres deben haberse preocupado; los padres de tus padres deben haberse preocupado; ésa es su herencia. Tú los has decepcionado porque ya no te preocupas. ¡Te estás desencaminando! Son desdichados, sus padres han sido desdichados, y así sucesivamente... ¡hasta Adán y Eva! Y tú te estás desencaminando, de ahí su gran preocupación.

Pero si tú te preocupas pierdes una oportunidad, y entonces ellos te habrán arrastrado de nuevo hacia el mismo lodazal. Se sentirán bien, se regocijarán cuando hayas vuelto al camino tradicional, convencional, pero eso no te ayudará a ti ni a ellos.

Si te conservas independiente, si consigues la fragancia de la libertad, si te vuelves más meditativo —y por eso estás aquí, para volverte más meditativo, más silencioso, más amoroso, más dichoso—, entonces un día podrás compartir tu dicha. Para compartirla primero debes tenerla: sólo puedes compartir lo que ya tienes. Por ahora puedes preocuparte también, pero dos personas preocupadas simplemente multiplican las preocupaciones; no se ayudan.

Dices: «Se preocupan todo el tiempo». Debe de haberse vuelto su condicionamiento. Es el condicionamiento de todos en el mundo.

> Un rabino iba a ser huésped de una familia, y el hombre de la casa, impresionado con el honor, advirtió a sus hijos que se portaran con seriedad a la mesa porque el gran rabino vendría. Pero durante la comida se rieron de algo y él les ordenó levantarse y salir.
>
> Entonces el rabino se puso de pie para marcharse.
>
> —¿Pasa algo? —preguntó el padre, inquieto.
>
> —Bueno —dijo el rabino—, ¡yo también me reí!

No te preocupes por la seriedad de tus padres, por su preocupación por ti. Inconscientemente intentan que te sientas culpable. No dejes que lo logren, porque de ser así te destruirán y también destruirán una oportunidad para ellos que se habría vuelto posible a través de ti.

Dices: «Ellos hicieron posible que yo esté aquí». Siente gratitud por ello, pero no hay necesidad de que te sientas culpable. «¿Cómo puedo volverme contra ellos?». No hay necesidad de que te vuelvas contra ellos, pero tampoco hay necesidad de que los sigas. Sigue amándolos. Después de cada meditación ora a la existencia por que «algo de mi meditación llegue a mis padres».

Haz plegaria por ellos, ámalos, pero no los sigas. Eso no te ayudará a ti ni a ellos.

Dices: «¿Qué les debo a mis padres?». Les debes esto, que tienes que ser tú mismo. Les debes esto, que tienes que ser dichoso, que tienes que estar en éxtasis, tienes que volverte una celebración en ti mismo, tienes que reír y regocijarte. Eso es lo que les debes: les debes la iluminación. Vuélvete un iluminado como Buda Gautama, y entonces ve con tus padres a compartir tu gozo. Ahora mismo, ¿qué puedes hacer? Por ahora nada es posible; sólo puedes orar.

Así pues, no digo que te apartes de ellos; digo que no los sigas, y que ésa es la única forma en que puedes ser de alguna ayuda para ellos. Ellos te han ayudado físicamente; tienes que ayudarlos espiritualmente. Ésa será la única forma de pagarles.

- **Cuando escucho mis sentimientos, mi voz interior, ¡me dicen que no haga nada excepto dormir, comer y jugar en la playa! Me da miedo seguir esos sentimientos porque creo que me volvería demasiado débil para sobrevivir en este mundo. ¿Me protegerá la existencia cuando me deje ir?**

Primero: no hay necesidad de sobrevivir en este mundo. Este mundo es un manicomio. No hay necesidad de sobrevivir en un mundo de ambición, de política, de ego. Él es la enfermedad. Pero hay otra forma de ser, y el punto de vista religioso es: que puedes estar en este mundo y no ser de él.

«Cuando escucho mis sentimientos y mi voz interior, me dicen que no haga nada...». Entonces no hagas nada. No hay nadie más arriba que tú, y Dios te habla directamente. Comienza a confiar en tus sentimientos internos. Entonces, no hagas nada.

Si sólo tienes deseos de dormir, comer y jugar en la playa, perfecto. Que ésa sea tu religión. No temas, pues.

Tendrás que dejar el miedo. Y si es cuestión de elegir entre el sentimiento interno y el miedo, escoge el sentimiento interno. No elijas el miedo. Muchas personas han elegido su camino por miedo, así que viven en un limbo, en la indecisión.

El miedo no va a ayudar. El miedo siempre significa miedo a lo desconocido. Siempre es el miedo a la muerte. Siempre es el miedo a estar perdido... pero si uno en realidad quiere estar vivo, tiene que aceptar la posibilidad de estar perdido. Tienes que aceptar la inseguridad de lo desconocido, la incomodidad e inconveniencia de lo que no te es familiar, de lo extraño. Ése es el precio que hay que pagar por la bendición que viene después, y nada puede lograrse sin pagar por ello. Tienes que pagar: de otro modo seguirás paralizado por el miedo. Toda tu vida se puede perder.

Disfruta tu sentimiento interno, cualquiera que sea.

«Creo que me volveré muy débil para sobrevivir en este mundo». No hay necesidad. Éste es el miedo hablando en ti, miedo creando más miedo. Del miedo nace más miedo.

«¿Me protegerá la existencia?». Una vez más el miedo pide garantías, promesas. ¿Quién está allí para darte una garantía? ¿Quién puede garantizar tu vida? Pides una especie de seguro. No, no hay posibilidad. En la existencia nada está asegurado: nada puede estarlo. Y eso es bueno. De otro modo, si la existencia estuviera también asegurada, ya estarías muerto por completo. Entonces toda la emoción de ella, de estar vivo como una hoja joven en un viento fuerte, se perdería.

La vida es hermosa porque es insegura. Es hermosa porque hay muerte. Es hermosa porque se puede perder. Si no puedes perderla, todo se te impone, y entonces incluso la vida se vuelve una prisión. No serás capaz de disfrutarla. Aun si se te ordena ser dichoso, si se te ordena ser libre, tanto la dicha como la libertad se irán.

«¿Me protegerá la existencia cuando me deje ir?». ¡Inténtalo! Sólo puedo decirte una cosa... No le hablo a tu miedo, recuerda. Sólo una cosa puedo decirte: todos los que lo han intentado han encontrado protección. Pero no le estoy hablando a tu miedo. Simplemente aliento tu aventura, eso es todo. Estoy persuadiéndote, seduciéndote hacia la aventura. No le hablo a tu miedo. Todos los que lo han intentado han descubierto que el infinito es la protección.

Pero no sé si puedes entender la protección que el universo te da. El universo no puede darte la protección que tú pides porque no sabes lo que estás pidiendo. Estás pidiendo la muerte. Sólo un cuerpo muerto está absolutamente protegido. Algo vivo siempre está en peligro. Estar vivo es un riesgo. Más vivo... más aventura, mayor peligro, mayor riesgo.

Nietzsche tenía un lema en su pared: «Vive peligrosamente».

Alguien le preguntó:

—¿Por qué has escrito eso?

Respondió:

—Sólo para recordármelo, porque mi miedo es tremendo.

Vive peligrosamente porque es la única forma de vivir. No hay otra. Siempre escucha el llamado de lo desconocido y mantente en movimiento. Nunca intentes establecerte en ninguna parte. Establecerse es morir: es una muerte prematura.

Fui a una fiesta de cumpleaños de una niña pequeña. Había muchos juguetes y regalos; la niña estaba de veras feliz, todos sus amigos estaban allí y bailaban. De pronto, ella preguntó a su madre:

—Mamá, ¿había días así de hermosos antes, cuando estabas viva?

La gente muere antes de su muerte. La gente se establece en

la seguridad, la comodidad, la conveniencia. Se establece en una existencia semejante a una tumba.

No le hablo a tu miedo.

«¿Me protegerá la existencia cuando me deje ir?». Siempre ha protegido, y no puedo creer que vaya a ser diferente para ti. No puedo creer que vaya a hacer una excepción en tu caso. Siempre ha sido así. Ha protegido a quienes se han abandonado a ella, quienes se han rendido a ella.

Sigue a la naturaleza. Sigue a tu naturaleza interior.

Leí una anécdota; me gustó mucho:

> Era primavera en el campus de la Universidad Columbia, y en los prados recién cortados surgieron letreros de «No pisar». Los estudiantes hicieron caso omiso de los avisos, que fueron seguidos por solicitudes especiales, y continuaron aporreado la hierba con sus pisadas. El asunto se volvió bastante debatido, hasta que los encargados de las instalaciones llevaron el problema al general Eisenhower, en ese tiempo rector de la universidad.
>
> —¿Han notado —dijo Eisenhower— cuánto tiempo ahorran al ir directamente a su destino? ¿Por qué no averiguan cuál es la ruta que van a tomar los estudiantes, y construyen andadores por allí?

Así es como la vida debería ser. Los caminos, los andadores, los principios no deben fijarse de antemano.

Déjate ir. Fluye con naturalidad y deja que ése sea tu camino. Camina, y al caminar, haz tu camino. No sigas supercarreteras. Están muertas, y tú no vas a encontrar nada en ellas. Todo ha sido quitado ya. Si sigues una supercarretera, te estás alejando de la naturaleza. La naturaleza no conoce caminos ni pautas fijas. Fluye en mil y una pautas, pero todas son espontáneas. Ve y observa... siéntate en la playa y observa el mar. Millones de olas surgen, pero cada una es única y distinta. No puedes encontrar dos olas iguales. No siguen ninguna pauta.

Ningún ser humano digno de tal nombre seguirá ninguna pauta.

Vienen personas a mí y me dicen: «Muéstranos el camino». Yo les digo: «No pidan eso». Yo sólo puedo decirles cómo caminar... no puedo mostrarles el camino. Por favor traten de ver la diferencia: sólo puedo decirles cómo caminar, y cómo caminar con valor. No puedo mostrarles el camino, porque el camino es para cobardes. Los que no saben cómo caminar están paralizados; para ellos existe el camino. Los que saben caminar se lanzan a campo traviesa y al caminar crean su camino. Y cada uno llega a Dios de diferente manera. No pueden llegar como una masa ni como una multitud. Cada quien llega solo, absolutamente solo.

Dios es salvaje. Aún no está civilizado... y espero que nunca lo esté. Aún es espontáneo, y ama la espontaneidad. Así que si tu naturaleza interna dice que vayas a la playa y te relajes, hazlo. De allí es de donde Dios te llama.

Yo te enseño a ser tú mismo, nada más. Es muy difícil entenderme porque a causa de tu miedo te gustaría que te diera una pauta de vida, una disciplina, un estilo, una forma de vivir.

Las personas como yo siempre han sido mal entendidas. Un Lao Tse, un Zaratustra, un Epicuro, siempre han sido mal entendidos. De las personas más religiosas se ha pensado que son irreligiosas porque si alguien es en verdad religioso enseñará libertad, enseñará amor. No enseñará la ley, enseñará el amor. No enseñará una pauta muerta de vida. Enseñará un caos, una anarquía, porque las estrellas sólo nacen del caos. Les enseñará a ser totalmente libres.

Sé que hay miedo; hay miedo a la libertad: de otro modo,

¿por qué habría tantas prisiones en todo el mundo? ¿Por qué la gente llevaría continuamente prisiones alrededor de su vida, prisiones invisibles? Sólo he encontrado dos tipos de prisioneros: unos cuantos viven en una prisión visible, y los demás en una invisible. Llevan su prisión alrededor de sí mismos: en el nombre de la conciencia, de la moralidad, de la tradición, de esto y de aquello. Miles son los nombres de las ataduras y la esclavitud.

La libertad no tiene nombre. No hay muchos tipos de libertad; la libertad es una. ¿Has observado? La verdad es una. Las mentiras pueden ser millones. Puedes mentir en un millón de formas; no puedes decir la verdad en un millón de formas. La verdad es simple; una forma basta. El amor es uno, las leyes son millones. La libertad es una, las prisiones son muchas. Y a menos que estés muy alerta, nunca serás capaz de moverte con libertad. Cuando mucho podrás cambiar de prisión. De una prisión puedes ir a la otra, y puedes disfrutar el camino entre las dos.

Eso es lo que ocurre en el mundo. Un católico se vuelve comunista, un hindú se convierte en cristiano, un musulmán se vuelve hindú, y disfrutan... sí, sienten un poco de libertad cuando cambian de prisión. De una prisión en otra, caminan de una a otra, se sienten bien. Y una vez más están en la misma trampa, con diferente nombre.

Todas las ideologías son prisiones. Yo les enseño a tener cuidado de ellas... incluso de la mía.

CINCO

Cuando todas las voces callan

Cuando sólo conoces el hacer, desconoces tu gran potencial. Quiero que conozcas cómo ser también. Y tu hacer no se destruirá, se embellecerá, hará que cada acto se convierta en una plegaria, un arte; cada acto será una gran satisfacción. El ser fluirá a través de tu hacer; hará tu vida mucho más colorida. De otra forma, muy pronto te cansarás de tu hacer, porque cada acto será el mismo una y otra vez, una y otra vez; ¿cuánto tiempo puedes conservar el entusiasmo por hacerlo? Pero si tu hacer fluye desde tu ser, cada acto tiene un sabor diferente, una diferente individualidad, una fragancia diferente.

- **¿Cuál es la diferencia entre la naturaleza humana, el instinto y los hábitos? ¿Hay alguna manera de que cambien o no?**

Los hábitos no son naturales, son aprendidos. Uno aprende por imitación. Cuando ve a las personas hacer cosas, uno empieza a hacerlas. Cuando ve lo que hace exitosa a la gente, la sigue. No sale de su propia naturaleza.

Los hábitos nunca son naturales. Uno no nace con ellos, por lo que en cualquier momento que desee acabar con ellos, puede hacerlo. Cualquier día que desee cambiarlos, los cambiará. La naturaleza no se puede cambiar.

Y el instinto es parte de la naturaleza. La naturaleza se presenta en cuatro capas. El instinto es el más bajo. Luego viene el intelecto, situado más arriba del instinto. La mayor parte de la gente nunca conoce nada más que estas dos capas, y estas dos capas siempre están peleando por la supremacía. Todas las religiones se han quedado en el intelecto: por eso están en contra del instinto.

Sólo algunos grandes pensadores, como Acharya Brihaspati, en India, y Epicuro, en Grecia, han estado a favor del instinto y en contra del intelecto. Este tipo de personas es raro; por el contrario, todo el mundo ha estado en favor del intelecto, porque el intelecto está en una posición más alta. Brinda más respetabilidad, más honorabilidad. El instinto es algo animal. El intelecto nos hace superiores a los animales, a pesar de que el instinto es jugoso y el intelecto es seco. De ahí que la gente que vive de acuerdo con el instinto es bullangera, alegre, amorosa, y la gente que vive de acuerdo con el intelecto es seca, conflictiva.

De hecho, una vieja historia cuenta que los perros deben de haber sido grandes intelectuales en sus vidas anteriores; por esa razón siempre están ladrándose unos a otros. No se puede hacer que los intelectuales dejen de ladrarse unos a otros; son parecidos. Puede ser que los perros nazcan como intelectuales, o que los intelectuales nazcan como perros, o quizá son ambas cosas.

Más allá del intelecto están los sentimientos. Otro nombre de los sentimientos es intuición, un nombre más científico.

Pero muy poca gente llega a la intuición, porque para llegar a la intuición hace falta ir más allá del intelecto, y la meditación es la única manera. Por desgracia, la meditación no es parte de nuestra educación. La educación se detiene ante el intelecto, y crea un conflicto entre el instinto y el intelecto, crea una división, una esquizofrenia que padecemos toda la vida.

Si meditas, algo más allá del intelecto empieza a funcionar. Puedes llamarlo corazón, puedes llamarlo intuición. No tiene argumentos, pero sí tremendas experiencias. Sin embargo, no es el final de toda tu naturaleza. Más allá de esta tercera capa se encuentra la cuarta, a la cual no se le ha puesto nombre. En Oriente se le conoce como *turiya*, que significa «la cuarta». No se le ha puesto nombre porque cualquier nombre se quedaría corto. Es tu naturaleza profunda, tu naturaleza más esencial. Ahí es donde se da el encuentro entre tú y la naturaleza universal, justo como una gota de rocío que desaparece en el océano.

La naturaleza es un mundo grande; empieza con el instinto y termina con la cuarta, la *turiya*.

Los hábitos son resultado de lo asimilado; se aprenden de los otros.

Por ejemplo, cuando yo era estudiante y quería una beca para mis estudios de posgrado, mi profesor estaba completamente confiado en que la ganaría: yo reunía todas las calificaciones. Pero había un gran inconveniente: que yo empezara alguna discusión con el vicerrector. Así que mi profesor, el jefe del departamento de filosofía, me acompañó para evitar que me pusiera a discutir. En el camino me repetía:

—Escucha, todo depende de él. Es una beca especial; viene del fondo especial del vicerrector. Otras becas son muy pequeñas; ésta es la beca más grande, y la necesitas.

Él sabía que todo el dinero que me llegaba de casa yo lo usaba para comprar libros. Aun si me quedaba con hambre estaba bien, no podía resistirme... si veía un nuevo libro en los puestos de la universidad, tenía que comprarlo. El jefe de mi departamento me apoyó lo más que pudo. Conociéndome —que me moriría de hambre con tal de comprar un libro—, se puso de acuerdo con el gerente de la cafetería: «Yo pagaré sus cuentas de comida y todo lo que necesite, así que no le cobren a él». Quería que yo consiguiera la beca más alta, de manera que pudiera comprar todos los libros que quisiera.

Me insistió durante el camino a la oficina del vicerrector:

—Sólo recuerda que tienes una sola cosa que te descalifica. No discutas con el anciano; de otra manera, todas tus otras calificaciones no importarán. El asunto está en sus manos.

Yo permanecía en silencio, evasivo, y me preguntó:

—¿Por qué estás tan callado?

—Porque tengo miedo... No puedo comprometerme ni puedo prometerlo. Si él me provoca, entonces no me importará la beca. No perderé la oportunidad de tener un buen encuentro.

—Estás loco —me dijo—, pero estaré a tu lado, y si inicias una discusión te jalaré la camisa para recordarte que se te está olvidando.

—Haga lo que quiera —contesté—, pero no le prometo nada.

—Eres terco.

—No soy terco; si él no me provoca, no habrá problema.

Pero cuando entré en su oficina, de inmediato buscó provocarme. Me dijo:

—¿Por qué te está creciendo la barba?

El jefe de mi departamento me miró y pensó: «¡Hasta aquí llegamos! Esa beca se nos fue», sólo porque le dije al vicerrector:

—Usted está haciendo una pregunta absurda. La barba crece sola. Yo no la hago crecer; no estoy jalándome los pelos.

—Cierto —dijo—, pero te podrías afeitar.

—Eso plantea esta cuestión —repuse—: Yo puedo preguntarle por qué se ha estado afeitando usted la barba, ésa que le donó la naturaleza. Usted no me puede preguntar eso mismo porque yo no la hago crecer, como tampoco me hago crecer la nariz. ¿Y qué podría decir yo si alguien me preguntara: «¿Por qué no te cortas la nariz?». ¿Por qué usted se rasura dos veces al día?

Él era un antiguo profesor de historia de Oxford; había sido profesor en Oxford y cuando se retiró lo nombraron vicerrector aquí.

—Tiene que darme una respuesta —dije.

—Me preguntas algo sobre lo que nunca había pensado. Pareces tener razón... ¿Por qué empecé a rasurarme la barba? Lo único que puedo pensar es que, si todo el mundo se rasuraba, yo empezaría a rasurarme también.

—Es sólo un hábito —dije—. Y usted vive ese hábito de manera ciega, sin estar consciente de por qué se afeita la barba dos veces al día, y pierde el tiempo. Imitar a otros no demuestra mucha inteligencia; debería haberles preguntado por qué se rasuraban. Habría descubierto que su respuesta es la misma: ellos imitan a otros —añadí—: Piense nada más en otra posibilidad: si las mujeres empezaran a dejarse la barba... lo cual es posible si se les aplican ciertas inyecciones, hormonas que el hombre tiene y la mujer no, empezarían a tener barba y bigote. ¿Cree que se verían bonitas?

—¡Por Dios, no! —respondió—. ¡Se verían horribles!

—Es lo mismo con usted. Se ve muy mal sin la barba, que es un fenómeno natural.

Cuando dije: «Se ve muy mal», mi profesor empezó a jalonearme la camisa, a pegarme en la pierna con la suya.

—Profesor S.S. Roy —le dije—, no ha venido usted a jalonearme la camisa, o a pegarme en la pierna con su pierna.

—Usted debe intervenir —le dije al vicerrector—. El profesor perturba nuestra conversación.

¡Aún hoy puedo recordar la cara del profesor S.S. Roy! No podía creer que yo le hiciera eso.

—Profesor S.S. Roy, eso no está bien —dijo el vicerrector.

—Se lo he estado diciendo todo este tiempo —dije—, pero se ha mostrado muy ambicioso respecto de que yo gane la beca, así que no quiere que discuta con usted. Pero a mí no me importa la beca; me importa la verdad, haya o no haya beca.

El vicerrector me miró y dijo:

—No te preocupes por tu beca.

No me preguntó nada sobre mis calificaciones, si calificaba o no para la beca. Se limitó a firmar. Me dijo:

—Me encantaste. Ningún estudiante se ha atrevido a decirme en mi cara: «Te ves horrible». ¡Y no pude refutarlo! Quizá estés en lo correcto, porque es antinatural lo que hago, y lo que tú haces sí es natural. Me encantaría que, de vez en cuando, si pasas por mi oficina... Siempre serás bienvenido, cuando vengas para charlar un poco. Me encantó esta charla contigo.

Mi profesor estaba sorprendido. De regreso iba completamente callado.

—¿Qué pasa? —le dije—. Está muy silencioso.

—Me pregunto qué clase de hombre eres. Actuaste con rapidez, y le dijiste en su cara: «Se ve horrible». Y nosotros sabemos que es un hombre iracundo y muy vengativo. Y te ha invitado: «Cuando quieras..., no necesitas sacar una cita. Puedes llegar directamente». ¿Qué fue lo que hiciste? Fue casi como magia... ¡en un minuto! Y me hiciste lucir como un tonto. No pude ni levantar la vista. Miré hacia abajo todo el tiempo. ¿Qué podía decir? Hice lo que dijiste, no puedo negarlo.

La gente no suele pensar en lo que hace, qué clase de ropa usa, si es cómoda o no; qué clase de casa habitan, si es estética o no. Se limita a imitar a otros.

Una vida de imitación no es una vida verdadera. No es sincera. Deberíamos vivir de manera natural en los cuatro pasos: el instinto es del cuerpo. El intelecto es de la mente. La intuición es del corazón. Y el cuarto, *turiya*, es el ser.

Si puedes vivir con estas cuatro capas en armonía, eres el perfecto ser humano. Ninguna debería negarse para favorecer a otra. Las cuatro deben estar juntas en armonía. Y si puedes evitar los hábitos, si puedes permitir a tu naturaleza ser tu vida entera, sin espacio para ningún hábito... Todos los hábitos te alejan de tu naturaleza, todos los hábitos demuestran que eres mediocre.

Vive de manera natural y serás tan natural como una rosa; vive con base en hábitos y estarás hecho de algo plástico, muerto, sin significado. Entonces te sientes desdichado, y nadie es responsable de eso. Permitiste que la imitación penetrara tu autenticidad y envenenara todo. Sólo sigue tu voz interior.

Tu cuerpo tiene su propia sabiduría: úsala.

Tu mente puede crecer al tamaño de un gigante en lo que a inteligencia se refiere; úsala, no dejes que ella te use.

Tu corazón tiene mucho amor, mucha belleza; puede llenar el universo entero, es oceánico. Permite que se extienda y se expanda, y compártelo con la gente.

Y la cuarta capa es la consumación. Ésa es tu vida eterna con toda la dicha, el éxtasis, la alegría, la audacia, la inmortalidad posible.

Si uno vive de acuerdo con su naturaleza en cada una de estas capas, uno es un verdadero ser humano; uno no tiene ningún hábito. Los hábitos destruyen tu verdad y te imponen cosas que, por su misma naturaleza, no deberían formar parte de tu destino.

> Un norteamericano, un inglés y un irlandés se encontraban frente al pelotón de fusilamiento.
>
> —Oigan —dijo el norteamericano a los otros dos—, uno por uno pensaremos en alguna manera de distraer al pelotón; cuando nos vuelvan la espalda, el que haya creado la distracción se lanza hacia la colina. Yo iré primero y se los demostraré.
>
> El pelotón se alineó y apuntó. Rápidamente el norteamericano gritó: «¡Tornado!». Los soldados se dieron la vuelta para mirar y el norteamericano corrió hacia la colina.
>
> El escuadrón empezó a reagruparse. El inglés gritó: «¡Marejada!». Otra vez los hombres se volvieron, esperando ver una ola inmensa.
>
> Por tercera ocasión el escuadrón se alineó para apuntar. El irlandés, pensando con rapidez, gritó: «¡Fuego!».

- **A veces me resulta difícil estar en el mundo, pues veo lo dura que es la gente y cómo se pisan uno al otro. Esto me lastima bastante, a veces incluso físicamente, y me siento tan vulnerable como un niño pequeño. Por favor, dime cómo lidiar con ello.**

Siempre hay problemas en el mundo, y el mundo siempre ha estado ahí, y seguirá ahí. Si intentas solucionarlo —cambiando circunstancias, cambiando personas, pensando en un mundo utópico, cambiando el gobierno, la estructura, la economía, las políticas, la educación—, estarás perdido. Ésa es la trampa que conocemos como política. Así es como muchas personas desperdician su vida.

Tenlo muy claro: la única persona a la que puedes ayudar en estos momentos eres tú. Ahora mismo tú no puedes ayudar a nadie. Eso puede ser sólo una distracción, un truco de la mente. Observa tus propios problemas, tus propias ansiedades, mira en tu propia mente, e intenta cambiar primero eso.

Les pasa a muchas personas: en el momento en el que se muestran interesadas en alguna religión, en la meditación, en la oración, de inmediato la mente les dice: «¿Qué haces sentado aquí en silencio? El mundo te necesita; hay muchos pobres. Hay demasiados conflictos, violencia, agresión. ¿Qué haces orando en el templo? Ve y ayuda a la gente». ¿Cómo puedes ayudar a todas esas personas? Tú eres como ellas. Incluso podrías crearles más problemas, pero no puedes ayudar. Así es como todas las revoluciones han fallado. Ninguna revolución ha tenido éxito hasta ahora porque todos los revolucionarios se encuentran en el mismo barco.

La persona religiosa es aquella que entiende que: «Yo soy muy pequeño, estoy muy limitado. Y si con esta energía tan limitada puedo cambiarme a mí mismo, sería un milagro». Y si puedes cambiarte a ti mismo, si eres ya un ser totalmente diferente, con nueva vida brillando en tus ojos y una nueva canción en tu corazón, entonces tal vez puedas ser de ayuda para los demás, porque sólo de esa manera tendrías algo que compartir.

Precisamente el otro día un amigo me compartió un incidente muy hermoso en la vida de Basho. Basho es el más grandioso poeta de haikus de Japón, el maestro poeta del haiku. Pero él no era únicamente un poeta. Antes de volverse poeta era un místico; antes de que saliera de él hermosa poesía a raudales, Basho se vertió a fondo en su propio centro. Era un meditador.

Se dice que Basho inició una travesía cuando era joven. Esa travesía era una misión para encontrarse a sí mismo. No mucho después de que la iniciara, encontró a un niño pequeño llorando solo en el bosque. Quizá el poeta estaba sentando debajo de un árbol, meditando, o intentando meditar; escuchó a un niño pequeño llorando, solo en el bosque. Largo tiempo pensó qué hacer. Entonces tomó sus cosas y siguió su camino, dejando al niño a su propia suerte.

En su diario escribió: «Primero uno tiene que hacer lo que necesite para uno mismo antes de poder hacer algo por otro».

Es una imagen difícil... un niño abandonado en el bosque, llorando, y este hombre piensa si hace algo o no, si puede ayudar al niño, si es correcto ayudarlo o no. Un niño, un indefenso niño llorando en el bosque, abandonado, perdido... y Basho lo medita y toma una decisión. ¿Cómo puede ayudar a alguien más si no se ha ayudado a sí mismo? Él mismo está perdido en el páramo, él mismo está solo, él mismo es un niño. ¿Cómo podría ayudar a alguien más?

El incidente parece muy duro, pero significativo. No estoy diciendo que no ayudes a un niño en el bosque si lo encuentras llorando. Pero intenta entender esto: tu propia luz no está ardiendo y comienzas a ayudar a otros. Tu propio *yo* interno está en la total oscuridad y empiezas a ayudar a otros. Tú mismo estás sufriendo y te has vuelto un «sirviente de la gente». No has pasado por la rebelión interna y te has vuelto un revolucionario. Esto es simplemente absurdo, pero la idea surge en la mente de todos. Parece sencillo ayudar a otros. De hecho, personas que en verdad necesitan cambiarse a sí mismas siempre se muestran interesadas en cambiar a otros. Se vuelve una ocupación, y así se pueden olvidar de sí mismas.

Eso es lo que he observado. He visto demasiados trabajadores sociales, *sarvodayas*, y jamás he visto a una sola persona que tenga luz interna para ayudar a alguien. Pero ellos tratan arduamente de ayudar a todos. Persiguen con locura la transformación de la sociedad y de la gente, de la mentalidad de las personas, y se han olvidado de sí mismos. Se han vuelto personas ocupadas.

Alguna vez, un viejo revolucionario y trabajador social se alojó conmigo. Le pregunté:

—Tú te encuentras completamente absorbido por tu trabajo. ¿Alguna vez has pensado qué harías si ocurriera lo que quieres en realidad; si al día siguiente, de la noche a la mañana, de milagro, todo lo que anhelas que pase sucediera? ¿Has pensado alguna vez en ello?

Él se rio —una risa vacía—, pero luego se entristeció un poco.

—Si eso fuera posible —dijo—, estaría perdido, no sabría qué hacer entonces. Si el mundo fuera exactamente como yo quiero, entonces ya no tendré nada que hacer. Tal vez hasta me suicide.

Esa gente está ocupada; es su obsesión. Y ha elegido una obsesión que jamás puede ser satisfecha, así que sigue cambiando a los demás, vida tras vida.

¿Quién eres tú? Esto es también un tipo de ego, creer que los demás se muestran rudos unos con otros, que se pisan unos a otros. La sola idea de que los demás son rudos te hace sentir dócil. No, no lo eres. Ésa tal vez sea tu manera de ser ambicioso: ayudar a las personas, ayudarlas a volverse dóciles, ayudarlas a ser más amables, más compasivas.

Jalil Gibrán ha escrito una pequeña historia:

Había un perro, un gran revolucionario, dirían algunos, que siempre decía a los otros perros del pueblo:

—Por culpa de sus insensatos ladridos no crecemos. Ustedes pierden su energía ladrando sin necesidad.

Un cartero pasa, y de repente... un policía pasa, un sanniasin pasa. Los perros están en contra de los uniformes, todo tipo de uniforme, y ellos son revolucionarios; inmediatamente todos se ponen a ladrar.

El líder solía decirles:

—¡Deténganse! No gasten su energía, porque esta misma energía puede usarse en algo útil, algo creativo. Los perros podemos gobernar el mundo entero, pero ustedes gastan su energía sin propósito alguno. Este mal hábito debe acabar. Éste es el único pecado, el pecado original.

Los perros siempre sentían que él estaba en lo correcto. Lógicamente, estaba en lo correcto: ¿por qué seguir ladrando? Y se gasta mucha energía; se sienten cansados. Y al siguiente día comienzan a ladrar, y de nuevo en la noche están cansados. ¿Qué sentido tiene todo esto? Ellos veían el sentido de las palabras del líder. Pero también sabían que eran simples perros, pobres perros. Los ideales eran grandiosos y el líder era en verdad un revelador: hacía lo que predicaba. Nunca ladraba. Se podía ver su carácter: lo que predicaba, también lo practicaba.

Pero pasó el tiempo y ellos se cansaron de sus constantes sermones. Un día tomaron una decisión: era el cumpleaños del líder, y pensaron darle de regalo al menos una noche en la que resistirían la tentación de ladrar. Al menos por una noche respetarían al líder y le darían un regalo. Nada lo haría más feliz.

Todos los perros callaron esa noche. Fue muy difícil, arduo. Era como cuando tú estás meditando: es muy difícil dejar de pensar; era el mismo problema. Ellos dejaron de ladrar, pero siempre ladraban, y no eran grandes santos, sólo unos perros comunes. De verdad lo intentaron. Fue muy, muy difícil. Se escondieron en sus lugares apretando los dientes, cerrando los ojos para no ver nada. Intentaron no escuchar nada. Fue demasiada disciplina. El líder caminó alrededor del pueblo. Estaba muy confundido: ¿a quién predicar? ¿A quién enseñarle ahora? ¿Qué ha pasado? Había silencio absoluto. De repente, cuando la media noche había transcurrido, se molestó mucho... porque nunca se esperó que los perros lo escucharan. Sabía muy bien que ellos jamás escucharían, que para los perros era natural ladrar. Su demanda era antinatural, pero los perros se habían callado. Su liderazgo estaba en juego. ¿Qué haría a partir de mañana? Porque lo único que él sabía era enseñar. Su ministerio estaba en juego. Y entonces, por primera vez, se dio cuenta de que, como enseñaba desde el amanecer hasta el anochecer, jamás sintió la necesidad de ladrar. Su energía estaba puesta por completo en sus enseñanzas, y eso era una manera de ladrar.

Pero esa noche no había a quién culpar. Y el perro predicador empezó a sentir una inmensa necesidad de ladrar. Un perro es, después de todo, un perro. Se dirigió a un oscuro túnel y comenzó a ladrar. Cuando los demás perros escucharon que alguien había roto el acuerdo, dijeron: «¿Para qué sufrir?». Y entonces, todo el pueblo comenzó a ladrar. El líder volvió y dijo: «¡Tontos! ¿Cuándo van a dejar de ladrar? Es por sus ladridos que seguimos siendo simples perros. De otra manera, ya hubiéramos dominado al mundo entero».

Recuerda bien que un trabajador social, un revolucionario, está pidiendo lo imposible, pero eso lo mantiene ocupado. Y cuando estás ocupado con los problemas de los demás, sueles olvidarte de tus propios problemas. Primero arregla esos problemas: ésa es tu primera y más básica responsabilidad.

> Un famoso psicólogo había comprado una granja por diversión. Siempre que soltaba granos en su tierra arada, un ejército de cuervos negros bajaba y los engullía. Por fin, el psicólogo se tragó su orgullo y acudió a su viejo vecino, el mulá Nasruddin.
>
> El mulá fue al campo e hizo como si estuviera sembrando sin usar semilla alguna. Los cuervos caían en picada, protestaban brevemente y se iban volando. Al día siguiente el mulá repitió el proceso, y luego el siguiente, y en cada ocasión dejaba a las aves perplejas y hambrientas. Por fin, al cuarto día, sembró el campo con granos; ningún cuervo se molestó en venir.

Cuando el psicólogo intentó agradecer al mulá, éste gruñó:
—Pura y simple psicología. ¿Ha oído hablar de ella?

Recuerda, esto es pura y simple psicología: no metas la nariz en los asuntos de los demás. Si están haciendo algo mal, ellos tienen que darse cuenta. Nadie más puede hacer que se den cuenta. Si no deciden darse cuenta, no habrá forma, y tú gastarás un tiempo precioso y energía. Tu primera responsabilidad es transformar tu propio ser. Y cuando tu ser esté transformado, las cosas empezarán a suceder a su manera. Te volverás una luz y la gente empezará a encontrar su camino a través de tu luz. No es que tú vayas, no es que la obligues a ver. Tu luz, brillando incandescente, será suficiente invitación; la gente empezará a venir. Quien tenga necesidad de luz vendrá a ti. No hay necesidad de ir tras alguien porque sólo ir es una tontería. Nadie ha cambiado a nadie contra su voluntad. Ésa no es la manera en que suceden las cosas. Esto es pura y simple psicología; ¿has oído hablar de ella?... Guárdate para ti mismo.

- **Mis sentimientos de inferioridad todavía dominan mi vida, y me aferro a ellos con tanta fuerza que me desespero cuando pienso en soltarlos. Hasta ahora ha sido un camino largo y difícil.**

Nadie nace sin valía. Todos somos iguales en términos de la existencia. Pero recuerda: igualdad no significa semejanza. Todo el mundo es igualmente único.

La idea de la falta de valía que te tortura a ti tortura a millones de seres humanos. Es la gente que te rodea la que te hace sentir sin valía, que no mereces nada, inútil, bueno para nada; es una conspiración secreta de la multitud contra el individuo.

Quizá no te has dado cuenta de que la multitud es enemiga del individuo. A la multitud no le gustan los individuos; sólo le gusta la gente farsante que se imita entre sí. Nadie que sobresalga por su autonomía, por su propio derecho, que declare su libertad, que haga lo suyo sin miedo a las consecuencias, será condenado por la multitud.

La multitud no puede permitir que existan esos rebeldes, porque su sola presencia es peligrosa; podría convertirse en un incendio incontrolable. Muchos otros que sufren de esclavitud podrían empezar una revuelta al ver que es posible vivir su vida de acuerdo con su propia luz, que es posible tener su propio estilo, su propia religión, su propia moral; no es necesario pertenecer a ninguna multitud, no es necesario convertirse en esclavo espiritual. Si esta idea se disemina, millones de personas que aún no mueren por completo —y en cuyo ser aún existe una chispa de vida— podrían rebelarse de manera explosiva contra las masas.

Las masas son fáciles de controlar; de ahí que la gente de poder deteste a los individuos. Y éste ha sido el cuento a través de la historia humana. Desde la infancia, los padres, los maestros, los sacerdotes, los vecinos —en todas partes— la sociedad empieza a invadir la libertad del individuo. Todos sus esfuerzos se enfocan en distraerte de tu ser; quieren que seas alguien más, no quieren que seas tú mismo.

Ésta es la causa de tus sentimientos de inferioridad. Es natural; nunca podrás ser alguien más; por perfectas que sean tu simulación y tu hipocresía, en tu interior sentirás que te traicionaste a ti mismo. En tu interior nunca podrás sentir satisfacción, respeto por ti mismo, el orgullo que es natural a cada ser, una dignidad que la existencia derrama sobre ti por el solo hecho de haberte dado la vida.

Si te permites ser tú mismo, nunca te sentirás indigno, porque ése será tu crecimiento natural. Si eres un rosal, brotarán rosas en ti; si eres una caléndula, brotarán flores de caléndula en ti. Ni la flor de caléndula se siente indigna ni las rosas se sienten especiales, más importantes o más santas. Aun la más pequeña hoja de hierba se siente tan digna como la más grande estrella del universo.

En la existencia no hay complejo de inferioridad en ningún lado, y como corolario no hay complejo de superioridad tampoco. La caléndula es feliz siendo caléndula; sería estúpido que se preguntara: ¿por qué no soy una rosa? Sería una existencia muy pobre si sólo hubiera rosas y más rosas, y no otras flores. Las rosas perderían toda su belleza. La variedad de millones de flores hace que la existencia sea abundante más allá de nuestros sueños.

Pero la sociedad quiere que seas sólo un borrego. Podrás tener las cualidades para ser un ciervo, o un tigre, o un león, o un águila; todas las variedades son posibles en diferentes individuos, pero a la sociedad le gusta sólo un tipo: todo el mundo tiene que ser un borrego. Y bueno, si tú obligas a un león a que sea un borrego, se sentirá indigno. Le estarás imponiendo algo que no es natural.

Ese sentimiento de inferioridad se da porque hay una imposición de demandas antinaturales sobre ti, hechas por todos los que te rodean. No le gustas a nadie tal como eres; todo el mundo quiere que seas así o asado. Por supuesto, si satisfaces sus exigencias serás amado, respetado, honrado, pero es muy peligroso y muy costoso; tendrás que perderte a ti mismo. Te convertirás en un hipócrita y, ¿cuál será la ganancia? ¿Qué es su respeto, qué es su honor, cuáles son sus recompensas? Ellos no pueden equilibrar la pérdida; tú habrás perdido tu alma. Te podrán dar el Premio Nobel, pero ni mil premios Nobel compensarán lo que has perdido en la transacción. Habrás perdido tu espacio en la existencia, tu territorio mismo, tu ser y tu consciencia más significativos y esenciales.

Puedo entender tu problema, y no pienso que seas incapaz de entenderlo a nivel intelectual. Claro que entiendes, pero el entendimiento intelectual nunca conlleva ningún cambio; te produce más problemas. Te hace consciente de que has hecho algo muy tonto, y ahora te has vuelto un experto en hacer esa tontería. Ahora que forma parte de tu experiencia —por esa experiencia te pagan, te honran, te respetan—, te aferras a ella. Esto se convierte en un dilema tremendo. Crea un estado de esquizofrenia. Sabes que lo que haces está mal, pero ese conocimiento es sólo intelectual; no ha permeado la parte más profunda de tu ser, donde se originan las acciones.

El intelecto es una fuerza inactiva. No se ha vuelto tu meditación, es todavía tu mente, y la mente es absolutamente impotente. Así que, a nivel intelectual, entiendes que estás haciendo algo mal, y el mismo intelecto dice que eso es lo único que sabes; valioso o no, pero es lo único que te da crédito, que hace que te respete la multitud. «No lo abandones, porque no sabes dónde perdiste tu alma y si serás capaz de encontrarla de nuevo». Ni siquiera recuerdas el camino a casa. Así que te aferras a aquello que a nivel intelectual sabes que no está bien. Estás destruyéndote, pero continúas tomando el veneno, porque has olvidado el camino a tu casa.

Apenas el otro día, Latifa, una sanniasin de aquí, estaba llorando, y hoy todas las nubes han desaparecido. Ella había dado un paso arriesgado. Había estado pensando y pensando casi una eternidad con el intelecto... porque la desdicha alarga el tiempo tanto, que una hora pasa como si fuera una vida; de ahí que yo diga que ella había estado sufriendo casi una eternidad. Ella sabía muy bien —porque yo la martilleaba de forma constante— que si uno se siente desdichado y las puertas están abiertas, ¿por qué no sale de esa situación? Ella quiere salir, pero se aferra; le da miedo lo abierto, le da miedo el aire fresco, lo desconocido. Su ser más profundo siente el impulso, el reto, la excitación por lo inexplorado, pero su mente superficial piensa en la seguridad. Y, ¿quién sabe?, podría caer en una situación peor. Al menos esta desdicha es conocida, y de alguna manera uno se ha acostumbrado a ella; de hecho, está tan habituado a que un miedo aceche en un rincón de su ser que, ¿sería capaz de sobrevivir sin él?

Es una desdicha, pero al menos es algo. Uno no está solo, y no está vacío; está lleno de desdicha, y puede estar seguro de que la desdicha estará ahí mañana. No necesita preocuparse de que mañana quizá esté vacío y solo. Así que uno se convierte en un desastre por dentro.

Pero al final Latifa recapacitó, se arriesgó. Y hoy me escribió una carta de tremenda gratitud, en la cual dice que se siente como si le hubieran extirpado un cáncer de su ser; se siente limpia, saludable, feliz, ligera: todo el peso ha desaparecido. Y ése era el cáncer al que se estaba aferrando.

Pero tú puedes experimentar la alegría, la libertad, la ligereza y los cielos abiertos sólo cuando renuncias a aferrarte; no hay otra manera.

Pero la gente, incluso cuando ha venido aquí y me han escuchado, se las arregla para escuchar lo que quiere y para no escuchar lo que no quiere. Se muestra receptiva a cualquier cosa que nutra sus prejuicios, feliz de que se apoyen sus convicciones. En el momento en que digo algo que vaya en contra de sus convicciones —y esas convicciones son su desdicha, la fuente de su sufrimiento y de su infierno—, de inmediato se cierra. Pero, ¿por cuánto tiempo puedes permanecer cerrado? Yo sigo golpeándote desde cualquier dimensión, desde cada dirección. Tarde o temprano tendrás que escuchar.

También —y así es la estupidez humana— la gente empieza a defenderse. Muchas veces me pregunto por qué pierde el tiempo. Si estás aquí para defenderte porque te las arreglas muy bien donde quiera que estés, será más fácil defenderte en alguna otra parte; aquí será muy difícil. No te permitiré defenderte, porque cuando te defiendes a ti mismo defiendes todas tus desdichas: son sinónimos. Tú y tus desdichas, tú y tu sufrimiento, tú y tu ideología, no están separados.

Tu personalidad es tu infierno, y yo tengo que darle de martillazos y hacer que salga tu individualidad, que es un fenómeno totalmente diferente, ése que trajiste contigo al nacer. Esta personalidad es una cubierta que la sociedad te impuso; es una máscara. Pero has vivido con la máscara por tanto tiempo que ya empezaste a pensar que es tu rostro original. En su adormecimiento, la gente continúa defendiendo aquello que es su cáncer.

Una mujer me escribió hoy que odia a Hymie Goldberg, que es uno de los personajes de mis bromas. No pude creer que alguien pudiera odiar a un pobre tipo como Hymie Goldberg. Pero quizá ella tuviera una mente antijudía... a la sola mención del nombre de Hymie Goldberg, la educación nazi de la señora se siente herida porque estoy convirtiendo a Hymie Goldberg casi en un gran héroe. Es verdad, escribiré una biografía de Hymie Goldberg.

La misma mujer dice: «No me gusta que usted se ría con nosotros». Al parecer, también está contra la risa. Yo rara vez me río, pero de vez en cuando quiero unirme a ustedes, de manera que no les dé la impresión de que estoy separado de ustedes. Quiero ser uno entre ustedes, no en algún lugar allá arriba, muy serio, una estatua dorada de Buda. Ciertamente, Buda Gautama no se reía; tampoco hay alguna referencia de que Jesús rio alguna vez. Esas personas son personas serias.

Yo no soy serio. Les he estado diciendo una y otra vez que no soy serio en absoluto, ¡pero ustedes no lo toman en serio! Creen que bromeo... es un problema tan difícil, ¿cómo resolverlo? Y cuando leí la pregunta de esta mujer recordé otra pregunta que me llegó ayer... este hombre me estaba diciendo que unos cuantos investigadores científicos habían encontrado el punto G en la vagina de las mujeres. No pude averiguar por qué se le llamó el punto G.

Yo también he encontrado el punto G. No está en la vagina; está en la panza de todo el mundo, justo debajo del ombligo. Y tiene sentido llamarlo punto G porque provoca risas. Es muy estúpido decir que una vagina se ríe, pero una panza que ríe es un dato muy conocido. Ustedes saben de la risa del estómago: una risa real siempre viene del estómago.

Así que no me importan sus científicos; mi propia investigación dice que el punto G está en todo el mundo, hombre o mujer, en el estómago, debajo del ombligo. Y quizá el punto G de esta mujer está paralizado o lisiado, dañado; algo malo le pasa a su punto G. Aquí ella se expondría; entonces su punto G puede empezar a funcionar. Entre tantos *Ges*, ¿cómo podría permanecer seria?

He escuchado...

> Dos niños pequeños, gemelos, estaban en su primer día de clases y su profesora les preguntó:
>
> —¿Cómo se llaman?
>
> Los niños se veían muy hermosos y llenos de vida. Vestidos igual, era casi imposible saber quién era quién. Así que la profesora preguntó:
>
> —¿Cómo se llaman?
>
> —Me llamo Ronald Reagan —dijo uno—, y mi hermano, Richard Nixon.
>
> La profesora no podía creerlo. Pensó: «Estos chicos me están jugando una broma, se están burlando de mí». De inmediato telefoneó a la casa de los niños y le dijo a su madre:

—Señora Johnson, sus dos niños vinieron y cuando les pedí sus nombres uno me dijo que era Ronald Reagan y que su hermano era Richard Nixon. No lo creí, por eso la llamo. ¿Se están burlando de mí?

Se llevó la sorpresa de su vida, porque en el otro extremo del teléfono la mujer le gritó muy enojada:

—¿Cómo se atreve a llamarme señora Johnson? Soy *señorita* Johnson y ellos son mis hijos, y cuando se tienen dos bastardos, ¿qué nombres se les puede poner? Si usted estuviera en mi lugar, ¿podría sugerir nombres mejores para dos bastardos?

¡Observa la vida y tu punto G empezará a funcionar!

Has sido presa, víctima de lo que la gente te ha dicho. Esta comunidad borra todo lo que se ha dicho de ti y te acepta como eres. Así como eres está bien; eres valioso, respetable, y no hay necesidad de cambiarlo y crear una personalidad falsa sólo porque otros quieren. Has intentado mucho hacer felices a otros, y el resultado neto es que todos en el mundo son infelices. Todos han tratado de hacer felices a otros, pero ¿ves cuál es el resultado neto? Todos son infelices.

Yo les enseño a ser felices, no a hacer felices a otros. En su felicidad, si hay algo de verdad, algo de vitalidad, se esparcirá, ayudará a otros también a ser felices. Pero ése no es el criterio, no debe ser el ideal de tu vida. Tú tratas de hacer felices a otros, ellos tratan de hacerte feliz a ti y a otros, y todos son infelices porque todo el mundo se la pasa fingiendo.

Las personas sólo pueden ser felices de una manera —no hay dos maneras—: si son auténticamente ellas. Entonces las fuentes de la felicidad empiezan a brotar; se vuelven más vivas, se convierten en una maravilla para la vista, es una alegría estar con ellas; son una canción, una danza. Pero no bailan para que los demás las aprueben, ni para que otros las aprecien; danzan gracias a la abundancia de su felicidad, gracias a su propia alegría.

El mundo entero podría ser un mundo danzante, lleno de canciones y de música, lleno de creatividad, de vida y risas. Pero la estrategia básica que se ha seguido hasta ahora tiene que ser completamente destruida, sin compasión.

> El nuevo ministro se hallaba en la puerta de su iglesia, despidiendo a los feligreses que se retiraban luego del servicio religioso. La gente se mostraba generosa en sus cumplidos al clérigo por su sermón, excepto un tipo que le dijo:
>
> —Un sermón muy aburrido, reverendo.
>
> Y un minuto más tarde, el mismo hombre apareció de nuevo y dijo:
>
> —Un sermón muy aburrido, reverendo.
>
> De nueva cuenta el hombre apareció; esta vez murmuró:
>
> —En realidad no dijo nada, reverendo.
>
> Cuando tuvo la oportunidad, el religioso señaló el hombre a uno de sus diáconos:
>
> —Ah —dijo el diácono—, no deje que ese tipo lo moleste. ¡Es una pobre alma que va por ahí repitiendo lo que escucha de otras personas!

Éste es un mundo extraño y loco. Todo el mundo vive de alguna manera falsa, sólo para llamar la atención, sólo para escuchar el aplauso de otras personas. Todo el mundo está hambriento de atención. Esos que ustedes piensan que son grandes líderes son casi pordioseros en lo que se refiere a recibir atención, eso es todo a lo que dedican toda su vida: cuánta gente los admira. Eso alimenta su ego. Y son capaces de hacer cualquier barbaridad si se les promete: «Más y más gente se sentirá atraída hacia ti; recibirás más atención».

Tengo una extraña historia que contarles. No es ficción; es sobre uno de los hombres más famosos, Abraham Lincoln. Él tenía una cara muy fea. Venía de una familia muy pobre; su padre era zapatero. Él mismo partía leña para conseguir algo de dinero con tal de ir a la escuela; una herencia muy pobre. Su rostro no era muy atractivo, y cuando participó en las elecciones presidenciales... Su inteligencia era enorme; quizá no ha habido otro hombre de tan alta inteligencia en Estados Unidos. Su racionalidad, su lógica, su forma de exponer sus argumentos eran soberbios. Pero su personalidad era pobre, justo debido a su rostro.

El primer día de su campaña electoral, una niña pequeña... y, según lo que entiendo, esa pequeña niña debería recibir todo el crédito de que Abraham Lincoln haya llegado a ser presidente de Estados Unidos, aunque nadie se molesta en dárselo. Nadie piensa en esa pequeña niña, o trata de averiguar quién fue. Ella se acercó y dijo: «Tío Lincoln, con esa cara usted no puede ganar la presidencia. Tengo una pequeña sugerencia: si se deja crecer la barba y el bigote, la mayor parte de su cara quedará cubierta, y a la barba y al bigote se les puede dar una forma que cambie todo su perfil».

Una niña pequeña... pero ella miraba con atención la cara de Lincoln; estaba interesada en sus palabras. Pero las mujeres están más conscientes de la belleza física, aun desde su más tierna infancia. A la pequeña se le ocurrió que si él se dejaba crecer la barba y el bigote, buena parte de su rostro quedaría cubierta. Se puede crear una nueva cara dando forma a la barba y al bigote. Y Lincoln le hizo caso. Él mismo se preocupaba por lo que haría con respecto a su cara. Empezó a dejarse la barba... y ahora, en sus fotografías y sus estatuas no se ve que su rostro fuera feo. La barba y el bigote cubrieron toda esa fealdad. De hecho, la barba y el bigote le dieron una nueva personalidad.

A la gente se le olvidó, pero a Lincoln no. Luego de ser electo presidente, la primera carta que escribió fue para esa pequeña niña, a la que agradeció: «Tu sugerencia funcionó». Era un hombre con una gran humildad y enorme entendimiento.

Pero este mundo no mira dentro del ser interior. No mira la inteligencia, los talentos, la creatividad, el potencial. Se limita a mirar el exterior, a la personalidad superficial. Y como uno busca atención continuamente, tiene que conceder, tiene que comprometerse a cada paso con la gente si quiere que lo acepte como una persona digna.

Cualquiera que desee tener éxito en el mundo, cualquiera que sea ambicioso y egoísta sufrirá el mismo problema que tú estás sufriendo. Pero el problema es muy simple y puede resolverse de inmediato, sin esfuerzo: sólo debes entender que no necesitas la atención de nadie; por lo contrario, lo que necesitas es una profunda satisfacción respecto a ti mismo. Y eso es posible sólo si tú eres real.

Que no te preocupe lo que otros digan, no importa. Lo único que importa es tu felicidad interior, tu paz, tu silencio, y al final el reconocimiento de tu vida eterna. Preguntas: «¿Qué hago con mi falta de valía? Todavía domina mi vida y me aferro a ella tan fuerte que desespero de soltarla alguna vez». Sólo se necesita un poco de entendimiento, sin mucho esfuerzo, porque eres tú quien se aferra a la idea, no la idea a ti.

Hay una historia sufí sobre un río crecido y unas cuantas personas que observaban desde la orilla cómo crecía el río cada vez más alto. Un místico sufí también estaba ahí. Los sufíes usan sólo una frazada, una frazada de lana para cubrir el cuerpo, no usan nada más. De hecho, el nombre «sufí» deriva de las frazadas de lana. En persa, «suf» significa *lana*, y «sufí» significa *alguien que usa sólo lana*. Así que, ataviado con su frazada, el sufí miraba a la gente desde la orilla. De pronto todos vieron una preciosa frazada, una manta de lana que flotaba río abajo. Un joven no pudo resistirse. Aunque todo el mundo le dijo que era peligroso —el río estaba crecido, y era un río inmenso— el joven dijo:

—No puedo perder esa frazada—. Y saltó.

Pero no era una manta, era un lobo, vivo. Así que, al tiempo que el joven atrapaba la frazada, la frazada lo atrapaba a él.

—¡Sálvenme! —gritó.

—¿De qué quieres que te salvemos? ¡Sólo arroja la frazada! —gritaron todos.

—No es una frazada que pueda soltar. Ahora la cuestión es si la frazada me suelta a mí: ¡es un lobo!

Ellos sólo habían visto el cuerpo del lobo, que parecía de pura lana.

El sufí escribió en su diario: «Lo que vi hoy fue un problema real. Hasta ahora he visto gente que se pregunta cómo suelta esto o lo otro... Ésos no eran reales, porque los problemas no se aferraban a ellos: ellos se aferraban a sus problemas. No era cuestión de ayuda; si querían soltarlos, podían hacerlo. Pero hoy fue totalmente diferente: ¡era un problema real! Soltarlo estaba más allá de las habilidades de ese pobre hombre, porque él no se aferraba al problema: ahora el lobo se aferraba a él, y el lobo lo condujo a su tumba».

Es bueno que los lobos no se aferren a ti. Cualquier cosa a lo que te aferres son sólo ideas falsas que otros te han dado. Y la razón por la que te aferras es que te da miedo quedarte casi desnudo sin ellas, estarás vacío, y te estarás moviendo en un espacio desconocido.

Pero quiero decirte que cada momento que te muevas en lo desconocido será la bendición más grande de la vida. Permanecer con lo conocido es puro aburrimiento, cada día lo mismo. Entonces, ¿qué caso tiene vivir? Ya lo has vivido muchas veces, muchos días.

Te animo a hacer esto: ama el cambio, ama lo desconocido.

Arriesga todo lo conocido por lo desconocido y estarás siempre en un estado de éxtasis. Siempre serás el que gane, porque lo desconocido tiene tesoros ocultos destinados a aquellos que pueden renunciar a lo conocido. Pero sólo puedo decirte que la renuncia la tienes que hacer tú. Tiene que ser tu decisión, tu compromiso; sólo entonces te traerá alegría.

- **¿Cómo puedo saber cuál de las muchas voces que hay dentro de mí es la que proviene del ser real para guiarme? ¿Cómo puedo saber que no viene del inconsciente?**

Es muy simple: ninguna de las voces proviene del ser interior. Todas las voces vienen de la mente. Cuando las voces están ausentes, el ser interior te inspira en silencio hacia ciertas acciones, cierta dirección. No viene en palabras, es sólo una indicación silenciosa. De otra manera hubiera sido imposible saber cuál de las voces es la del ser interior.

Es fácil, porque ninguna voz es del ser interior. Así que cuando todas las voces han desaparecido y hay sólo silencio, el ser interior es capaz de tomar tu mano y de moverte. Ése es el momento para soltar todo y permitir que te lleve a donde quiera que te lleve.

En el idioma tenemos que usar palabras que no definen la realidad interior, por ejemplo, la voz interior. No hay una voz; simplemente se trata del silencio interior. Pero si usamos las palabras «silencio interior», no entenderías la idea de que hay una inspiración o una dirección a las que señalan. De ahí que usemos las palabras «voz interior». Pero no son las palabras correctas.

EPÍLOGO

¿Cómo puedo volverme mi propia luz?

Estas fueron las últimas palabras de Gautama el Buda, su mensaje de despedida a sus discípulos: «Sean su propia luz». Pero cuando dice: «Sean su propia luz», no quiere decir vuélvanse una luz. Hay una gran diferencia entre ser y volverse.

Volverse es un proceso, ser es un descubrimiento. La semilla sólo parece convertirse en el árbol; es una apariencia. La semilla ya tenía el árbol dentro de sí, era su mismo ser. La semilla no se transforma en las flores. Las flores estaban allí sin manifestarse; ahora se han manifestado. No es cuestión de volverse, de convertirse; de otro modo un guijarro podría convertirse en una flor. Pero eso no ocurre. Una piedra no puede volverse una rosa: eso no ocurre porque la piedra no tiene el potencial de ser una rosa. La semilla simplemente se descubre a través de morir hacia dentro del suelo: dejando su cubierta exterior, se revela en su realidad interior.

El hombre es una luz en la semilla. Ustedes ya son budas. No es que se hayan vuelto *Budas*; no es cuestión de aprendizaje, de logro: es sólo cuestión de reconocimiento, de ir al interior de ustedes mismos y ver lo que hay allí. Es descubrimiento de sí mismos.

Ustedes no se volverán luz; eso ya son. Pero no van hacia el interior; todo su viaje va hacia el exterior. Nos han criado de tal forma que todos nos volvemos extrovertidos. Nuestros ojos se enfocan en el exterior, siempre estamos explorando y buscando algún objetivo *allá*, lejos. Mientras más distante el objetivo, más desafiante parece para el ego. Mientras más difícil es, más atractivo aparece. El ego existe a través de retos; quiere probarse. No está interesado en lo simple, en lo ordinario, en lo natural: está interesado en algo que no es natural, simple ni ordinario. Su deseo es lo extraordinario. Y la realidad es muy ordinaria, muy simple.

La realidad no está allá sino aquí, no entonces sino ahora, no fuera, sino en el reducto más interno de tu ser. No tienes más que cerrar los ojos y mirar al interior.

En un principio es difícil, porque los ojos sólo saben mirar al exterior. Se han acostumbrado tanto a mirar afuera que, cuando los cierras, siguen mirando afuera: comienzan a soñar, a fantasear. Esos sueños no son más que reflejos del exterior. Así que sólo en apariencia pareces tener los ojos cerrados: siguen abiertos al mundo exterior; no estás dentro. De hecho, cada meditador pasa por este extraño fenómeno: que siempre que cierra los ojos la mente se vuelve más inquieta, más insana. Comienza a farfullar en forma delirante: pensamientos relevantes e irrelevantes se entrecruzan en su ser. Nunca ocurre eso cuando uno mira al exterior. Y, naturalmente, uno se cansa y piensa que es mejor permanecer ocupado en algo, en algún trabajo, en vez de sentarse en silencio con los ojos cerrados, porque nada parece ocurrir excepto una larga, larga procesión de pensamientos, deseos, recuerdos. Y siguen viniendo, interminables.

Pero eso es sólo al principio. Sólo un poco de paciencia, un poco de espera... si uno sigue mirando, observando en silencio esos pensamientos, sin hacer juicios, sin antagonismo, sin deseo siquiera de detenerlos —puesto que no tiene interés en ellos—, sin involucrarse... Así como uno mira el tránsito en el camino, o las nubes en el cielo, o el fluir de un río, sencillamente observa tus pensamientos. Tú no eres esos pensamientos: eres el observador, recordando: «Soy el observador, no lo observado». No puedes ser lo observado, no puedes ser el objeto de tu propia subjetividad. Tú eres tu subjetividad, eres el testigo, eres consciencia. Recuérdalo. Lleva un poco de tiempo. Poco a poco, el viejo hábito perece. Se resiste a morir, pero muere sin duda. Y el día que el tráfico se detiene, de pronto estás lleno de luz. Siempre has estado lleno de luz, sólo que esos pensamientos no te dejaban ver lo que eres.

Cuando todos los objetos han desaparecido, no hay nada más que ver; te reconoces por primera vez. Te das cuenta de ti por primera vez.

No es un convertirse, es un descubrimiento de ser. La cubierta exterior de los pensamientos de la mente cae, y has descubierto tus flores, han descubierto tu fragancia. Esta fragancia es la libertad.

Por tanto, no preguntes: «¿Cómo puedo volverme una luz hacia mí mismo?». Ya eres una luz hacia ti mismo, sólo que no estás consciente de ello. Lo has olvidado: tienes que descubrirlo. Y el cómo del descubrimiento es simple, muy simple: un simple proceso de observar tus pensamientos.

Para ayudar a este proceso puedes empezar observando

otras cosas también, porque el proceso de observar es el mismo. Lo que observes no es significativo. Observa cualquier cosa y estás aprendiendo a observar. Escucha a las aves, es lo mismo. Un día serás capaz de escuchar tus propios pensamientos. Las aves están un poco más lejos; tus pensamientos, un poco más cerca. En otoño observa caer las hojas secas de los árboles. Cualquier cosa servirá para que te ayude a ser observador pleno. Cuando camines, observa tu caminar.

Buda decía a sus discípulos: «Den cada paso observando». Decía: «Observen su respiración». Y ésa es una de las prácticas más significativas para observar, porque la respiración está al alcance las veinticuatro horas del día, dondequiera que estés. Puede que las aves canten un día, puede que no canten al siguiente, pero la respiración siempre está allí. Sentado, caminando o acostado, siempre está allí. Observa entrar y salir el aliento.

No es que se trate de observar la respiración, sino de aprender a observar. Ve al río y observa el río. Siéntate en el mercado y observa a la gente pasar. Observa lo que sea, sólo recuerda que eres un observador. No emitas juicios, no seas juez. Una vez que empiezas a juzgar, has olvidado que eres un observador, te has involucrado, has tomado partido, has elegido: «Estoy en favor de este pensamiento y en contra de ese pensamiento». Una vez que escoges, te vuelves identificado. La observación atenta es el método de destruir toda identificación.

Por eso George Gurdjieff llamaba a este procedimiento el proceso de no identificación. Es lo mismo, su palabra es diferente.

No te identifiques con nada, y poco a poco uno aprende el arte consumado de la observación atenta. De eso se trata la meditación. A través de la meditación uno descubre su propia luz. A esa luz puedes llamarla tu alma, tu ser, tu Dios, cualquier palabra que escojas. O puedes permanecer en silencio, porque no tiene nombre. Es una experiencia sin nombre, tremendamente hermosa, extática, absolutamente silenciosa, pero te da el sabor de la eternidad, de la intemporalidad, de algo más allá de la muerte.

Sobre el autor

Osho desafía las clasificaciones. Sus miles de charlas cubren todo, desde la búsqueda individual del significado, hasta los problemas sociales y políticos más urgentes que enfrenta la sociedad en la actualidad. Los libros de Osho no han sido escritos, sino trascritos de las grabaciones de audio y video de sus charlas extemporáneas ante audiencias internacionales. Tal como él lo expone: «Recuerden: lo que estoy diciendo no sólo es para ustedes... estoy hablando también para las futuras generaciones». Osho ha sido descrito por el *Sunday Times*, en Londres, como uno de los «1000 creadores del siglo XX», y por el autor estadounidense Tom Robbins como «El hombre más peligroso desde Jesucristo». El *Sunday Mid-Day* (India) ha seleccionado a Osho como una de las diez personas —junto con Gandhi, Nehru y Buda— que han cambiado el destino de India. Con respecto a su propia obra, Osho ha declarado que está ayudando a crear las condiciones para el nacimiento de una nueva clase de seres humanos. Él con frecuencia caracteriza a este nuevo ser humano como «Zorba el Buda», capaz tanto de disfrutar los placeres terrenales de un Zorba el

Griego, como la serenidad silenciosa de un Gautama el Buda. Un tema principal a través de todos los aspectos de las charlas y meditaciones de Osho es una visión que abarca tanto la sabiduría eterna de todas las eras pasadas, como el potencial más alto de la ciencia y la tecnología de hoy en día (y del mañana). Osho es conocido por su contribución revolucionaria a la ciencia de la transformación interna, con un enfoque en la meditación que reconoce el paso acelerado de la vida contemporánea. Sus Meditaciones Activas Osho® están diseñadas para liberar primero las tensiones acumuladas del cuerpo y la mente, de tal manera que después sea más fácil emprender una experiencia de quietud y relajación libre de pensamientos en la vida diaria.

Una de sus obras autobiográficas disponible es:
Autobiografía de un místico espiritualmente incorrecto
Barcelona: Kairos, 2001.

Osho Internacional Meditation Resort

UBICACIÓN: a 100 millas al sureste de Mumbai, en la moderna y floreciente ciudad de Pune, India, el OSHO Internacional Meditation Resort es un destino vacacional que hace la diferencia. Se extiende sobre 40 acres de jardines espectaculares en una magnífica área residencial bordeada de árboles.

ORIGINALIDAD: cada año, el OSHO Internacional Meditation Resort da la bienvenida a miles de personas provenientes de más de 100 países. Este campus único ofrece la oportunidad de una experiencia personal directa de una nueva forma de vida: con mayor sensibilización, relajación, celebración y creatividad. Están disponibles una gran variedad de opciones de programas durante todo el día y durante todo el año. ¡No hacer nada y simplemente relajarse es una de ellas!

Todos los programas se basan en la visión de Osho de «Zorba el Buda», una clase de ser humano cualitativamente diferente que es capaz tanto de participar de manera creativa en la vida diaria como de relajarse en el silencio y la meditación.

MEDITACIONES: un programa diario completo de meditaciones para cada tipo de persona, incluye métodos que son activos y pasivos, tradicionales y revolucionarios, y en particular, las Meditaciones Activas OSHO®. Se llevan a cabo en lo que debe ser la sala de meditación más grande del mundo: el Auditorio OSHO.

MULTIVERSIDAD: las sesiones individuales, cursos y talleres cubren todo: desde las artes creativas hasta la salud holística, transformación personal, relaciones y transición de la vida, el trabajo como meditación, ciencias esotéricas, y el enfoque zen ante los deportes y la recreación. El secreto del éxito de la Multiversidad reside en el hecho de que todos sus programas se combinan con la meditación, la confirmación de una interpretación de que, como seres humanos, somos mucho más que la suma de nuestras partes.

SPA BASHO: el lujoso Spa Basho ofrece una piscina al aire libre rodeada de árboles y prados tropicales. El espacioso jacuzzi de estilo único, los saunas, el gimnasio, las canchas de tenis... todo se realza gracias a su increíble y hermoso escenario.

COCINA: hay una variedad de áreas para comer donde se sirve deliciosa comida vegetariana occidental, asiática e hindú, la mayoría cultivada en forma orgánica especialmente para el OSHO Internacional Meditation Resort. Los panes y pasteles también se hornean en la panadería propia del centro.

VIDA NOCTURNA: se pueden elegir diversos eventos en la noche, entre los cuales bailar ¡es la opción número uno de la lista! Otras actividades incluyen meditaciones con luna llena bajo las estrellas, espectáculos de variedades, interpretaciones musicales y meditaciones para la vida diaria.

O simplemente puedes disfrutar conociendo gente en el Café Plaza, o caminar bajo la serenidad de la noche por los jardines de este escenario de cuento de hadas.

INSTALACIONES: puedes satisfacer todas tus necesidades básicas y adquirir artículos de tocador en la Galería Multimedia, que vende una amplia gama de productos multimedia OSHO. También hay un banco, una agencia de viajes y un cibercafé en el campus. Para aquellos que disfrutan las compras, Pune ofrece todas las opciones, que van desde los productos hindúes étnicos y tradicionales hasta todas las tiendas de marcas mundiales.

ALOJAMIENTO: puedes elegir hospedarte en las elegantes habitaciones de la CASA DE HUÉSPEDES DE OSHO, o para permanencias más largas, se puede optar por uno de los paquetes del programa Living-in. Además, existe una abundante variedad de hoteles y apartamentos con servicios incluidos en los alrededores.

www.osho.com/meditationresort

Para mayor información

www.OSHO.com

Página web en varios idiomas que incluye una revista, los libros de OSHO, las charlas de OSHO en formatos de audio y video, el archivo de textos de la Biblioteca OSHO en inglés e hindi, y una amplia información sobre las Meditaciones Activas OSHO®. También encontrarás el plan del programa de Multiversidad OSHO e información sobre el OSHO International Meditation Resort.

- **Páginas web**

  http://osho.com/resort
  http://osho.com/magazine
  http://osho.com/shop
  http://youtube.com/user/oshoInternational
  http://osholibros.blog.osho.com
  https://twitter.com/osho_espanol
  https://www.facebook.com/oshoespanol

http://www.fl ickr.com/photos/oshointernational
http://www.osho.com/todosho

- **Para contactar a OSHO International Foundation**

www.osho.com/oshointernational,
oshointernational@oshointernational.com

Acerca del código QR

Este código QR te enlazará con el canal de YouTube OSHO Español, facilitándote el acceso a una amplia selección de OSHO Talks, las charlas originales de Osho, seleccionadas para proporcionar al lector un aroma de la obra de este místico contemporáneo. Osho no escribía libros; sólo hablaba en público, creando una atmósfera de meditación y transformación que permitía que los asistentes vivieran la experiencia meditativa.

Aunque las charlas de Osho son informativas y entretenidas, éste no es su propósito fundamental. Lo que Osho busca es brindar a sus oyentes una oportunidad de meditar y de experimentar el estado relajado de alerta que constituye la esencia de la meditación.

Los videos incluyen subtítulos en español y se recomienda verlos sin interrupciones. Éstos son algunos de los consejos de Osho para escuchar sus charlas:

«El arte de escuchar está basado en el silencio de la mente, para que la mente no intervenga, permite simplemente lo que te está llegando».

«Yo no digo que tengas que estar de acuerdo conmigo. Escuchar no significa que tengas que estar de acuerdo conmigo, ni tampoco significa que tengas que estar en desacuerdo».

«El arte de escuchar es sólo puro escuchar, de facto, sin distorsión».

«Y una vez que has escuchado, entonces llega un momento en el que puedes estar de acuerdo o no, pero lo primero es escuchar».

Si no dispones de un smartphone, también puedes visitar este enlace:

https://www.youtube.com/user/oshoespanol/videos

Viviendo bajo tus propios términos de Osho
se terminó de imprimir en junio de 2021
en los talleres de
Impresora Tauro, S.A. de C.V.
Av. Año de Juárez 343, col. Granjas San Antonio,
Ciudad de México